ホマティア星の宇宙船に乗って

八田佳枝
Yoshie Hatta

たま出版

はじめに

この本を手にとっていただき、ありがとうございます。

これまで私は、セッションのとき以外、わかってくれそうな人にしかこういったエピソードを伝えてきませんでした。

子供時代の体験に至っては、たった今経験したばかりのことをあっというまに忘れてしまったり、また、体験を人に話すという発想自体を持っていなかったため、ほんの少しの例外を除いて、ほとんど誰にも言わずにきてしまいました。

自分の体験を誰かに話すとき、体中の細胞の一つひとつが喜びに沸くのを感じます。

かつては「非現実的」な話に懐疑的な人が多くいました。夢と現実の間に、少し距離があったからです。しかし、今では「非現実的」な話を受け入れる人が増えてきています。

現実が夢に追いつきつつあるのを感じます。

夢と現実が入れ替わったとき――夢だと思っていたものが現実に、現実だと思っていたものが夢になったとき、私たちは、本当の目覚めを迎えるのでしょう。

ホマティア星の宇宙船に乗って◉目次

Chapter
1

銀河

小さいころから、私のまわりには不思議が溢れていた。

今でもときどき思い出すのは、夜寝ようと二段ベッドに入り、家族に「おやすみなさい」をしたその後のことだ。電気が消され、部屋の暗さに目が慣れ始めると、それが起こる。部屋のあちこちで、闇の中から光の粒子が分離を始め、それらが集まって、やがて大きいものや小さいものをとりまぜた、様々な形をした銀河になる。どれ一つとして同じものはなかった。

部屋いっぱいに広がる宇宙。

つくられる銀河の形も場所も決まっていない。その日その日で違っていた。私の顔のすぐ近くにできたこともあった。仰向けのまま目を開くと、右目が銀河の中にあった。天井や電気の傘の下や、畳のすぐ傍でも、部屋中が宇宙空間になるのだ。

学校では、夜電気を消すと銀河ができるという話など聞いたことがなかった。私は他の人もこの現象を見ているのだろうかと気になって、二段ベッドの下に寝ている兄に、自分が毎晩見ている風景のことを話した。

すると兄は、「自分も見ている」と言うのだ。私は、ひょっとしたら、こんな現象を見ているのが自分だけなのではないかと不安になっていたので、兄の言葉に心からほっとした。

それから毎晩、宇宙に広がる無数の銀河を眺めながら眠りにつくようになった。

蛾

昔は今より、ずっと身近に昆虫がいた。突然天井から大きなクモが落ちてきて、私や妹はギャーギャー大騒ぎしたものだ。

夕方になると、家の中の灯りには、いろんな大きさや色をした蛾が舞い飛んだ。野菜を買えば、虫がついているのが当たり前。暮らしの中に、虫は当たり前のように存在していた。

ある夕方、いつものように、洗面所の電灯のまわりを蛾が飛んでいた。

いつのころからか、私は気が向くと、静かに壁に止まっている一匹の蛾に気持ちを集中させるようになっていた。

蛾を心で見つめる。蛾が蛾の姿でなくなるまで、ひたすら一心に気持ちを蛾に集中する。

すると、ある一瞬から、蛾が輝く発光した球体に見え始めるのだ。

私の中にあるのと同じ、輝く球体、発光体、魂の形。

この球体に向けて、私は心の中で話しかける。

——この手にとまって。

私は、自分の手を差し出す。すると、蛾はひらりと飛んで来て私の手に止まる。

やがて蛾は、ストロー状の口で私の手を刺し始めた。刺されるたびに、チクチク痛んだ。

私は蛾にお願いした。

――刺すのをやめて。

蛾はぴたりと刺さなくなった。

どんな頼みもきっと聞いてくれるのだろう。そんなやさしさを感じ取った。

蛾は私の手に止まったまま、じっとしている。まるで心が繋がっているように感じた。

もしも今、手に止まっている蛾を、心の目で、球体で観るのをやめたら、途端にこの蛾は気持ちの悪い、ただの虫に見えるだろう。私は自分の手を何度も振って、この蛾を追い払うのだろう。そんなことを、ふと思った。

幼虫

私たち兄妹《きょうだい》は、とうもろこしが大好きだった。その大好きなとうもろこしを、母が、近所の八百屋さんから、たくさん買ってきたことがあった。

私たちは喜んで、とうもろこしの皮むきを遊びながら手伝った。

とうもろこしの毛を頭に乗せて、

「金髪の髪の毛！」

などと言って笑った。剥いた皮で、へなちょこなお人形をつくったりした。

その日の夕方、私は、うなじの辺りがもぞもぞするのに気がついて、親に首の後ろを見てもらった。しかし、丹念に調べても、もぞもぞの原因はわからない。

夜になると、もぞもぞという感覚のほかにチクチクが加わるようになった。そこで、もう一度うなじを見てもらったが、結果は同じで、何も見つからなかった。

寝る時間になり、二段ベッドの自分のふとんに入っても、もぞもぞやチクチクは消えなかった。うなじに感じるそのもぞもぞやチクチクを気にしながら、私はウトウトと眠り始めた。まどろみの中で、誰かのしゃべる声を聞いた。

――だあれ？

心の中で問いかけたが、返事はなかった。それは、幼い、夢を見るような可愛らしい声で、無邪気なおしゃべりを楽しんでいた。

――誰かが、しゃべっている…。

そう思いながら眠りに落ちた。

翌朝になっても、首の後ろは相変わらずもぞもぞしていた。

親は、きっと髪の毛が首に触ってかゆいのだろうと推測し、肩まである私の髪を結んだらどうかと提案した。

その日は、髪を二つに結んで学校に行った。けれど、学校にいるあいだもやっぱり首の後ろにもぞもぞやチクチクを感じた。

家に帰ると、親が私の髪の毛をしらみつぶしに調べ始めた。父親と母親が入れ替わりで、徹底的に私の髪の一本一本を丹念に見ていった。二時間くらいかけただろうか。けれど、このときも昨日と同様、何も見つけることはできなかった。

寝る時間になって、いつものようにふとんに入り、ウトウトし始めた。

まどろんでいると、また、あの声が聞こえ始めた。その声は、まるで小さい子供が一人遊びを楽しんでいるような、そんな感じだった。

——だあれ？

心の中で聞いてみるが、やはり返事はない。その声は、相変わらず無邪気に空想するように話している。とてもかわいい小さな声だった。

私は、その無邪気なおしゃべりを聞きながら眠った。

次の朝、目が覚めるとすぐに、もう一度うなじの辺りを調べてもらった。

——絶対に何かいる！

私の中にとても強い確信があった。

しばらく母は私の髪の毛をいじっていたが、

「あら〜」

と言いながら、私の方に手を差し出してみせた。母の手の中に、小さな白い芋虫がちょこんと乗せられていた。とうもろこしによく付いている幼虫だった。

——あの声はこの子のだったんだ。

私は、学校から帰るまで、この幼虫をどこにもやらないでほしいと母に頼んで出掛けた。

学校から帰ると、白い芋虫はちゃんといた。

私は芋虫を手に持つと、急いで二階にあがった。和室の二段ベッドのある部屋で、畳の上に座ると、手の中の白いきれいな幼虫を眺めた。私のうなじはもう、もぞもぞもチクチクもしていなかった。

耳を澄まして、この子が何か話していないか聞いてみた。でも、何も聞こえてこなかった。私は、眠る前のまどろみの中でしかこの子のおしゃべりを聞いていなかった。どうしても、ちゃんと起きているときに、この子と話がしたかった。

掌の幼虫に気持ちを集中した。それでも、何も聞こえてこなかった。もう、話ができないのかと思い、幼虫に、

「何かしゃべって」

とお願いした。それでもやはり何も聞こえてこない。幼虫の声は私に聞こえてきても、私の声は幼虫には聞こえないのかもしれないと思った。そういえば、まどろみながら私が「だれ？」と問いかけたのに、この幼虫は答えてはくれなかったっけ。

「聞こえないのかぁ」

私は独り言のようにつぶやいた。

——聞こえてるよ。

一瞬、空耳かと思った。

「しゃべった！」

私はうれしくて、心が弾んだ。どうしても、この虫と話したくて話したくて仕方がなかったんだと、自分でわかった。

「えぇと……何を話そう？」

嬉しくて、何から話したらいいのか決まらない。

そうだ！

「あなた、わたしの首の後ろで何してたの？」

と、聞いた。私はわくわくしながら、答えを待った。

――……。

幼虫はまた答えなくなってしまった。

私は質問を変えた。

「こんにちは。あなたの名前を教えて。何ていう名前なの？　名前はあるの？」

――うん、なまえあるよ。……だよ。

名前の肝心なところが聞こえない。私はもう一度尋ねることにした。

「わたしは、よしえだよ。あなたは何て言う名前なの？」

――ぼくは……だよ。

やっぱり聞こえない。

この子の名前は、私には聞き取れない、何か周波数の違う音を使っているような気がした。

「あなたの名前は、あなたが生まれたとき、誰がつけたの？　お父さん？　お母さん？」

――なまえは、さいしょからついてるよ。

「最初って？　最初にあなたに名前をつけたのは誰なの？」

――だれでもないよ。さいしょから、……っていうなまえがあるんだよ。

「それじゃあ、虫さんみ〜んなに名前があるの？」

――そうだよ。みんなさいしょからなまえがあるよ。

白い芋虫は、かわいらしい、小さな声でやさしく答えた。

私は、ものすごい衝撃を受けた。虫一匹一匹に名前があるなんて。今まで何匹アリをわざと踏みつぶしたか。ハエや蚊やゴキブリは、殺すものだとさえ思っていた。その虫たちにちゃんと名前があったなんて。そんな話を、私は今まで一度も、誰からも聞いたことはなかった。

掌にちょこんといる芋虫を眺めながら、私はわくわくした。

今度は何を話そう。

「お水飲む？」

——いらないよ。

「お腹空いてる？」

——うん。

「葉っぱ食べる？」

——うん。

この芋虫はまだ子供なのに、もう大人のようだった。考えてみれば、何日も何も食べていないのだ。それに独りぼっちだった。

「さみしくないの？」

——どうしてさみしいの？　へいきだよ。

この芋虫は私と同じ子供なのに、一人でいて寂しくないなんて……私はとても驚いた。

そして、私がまどろみの中で聞いた、あのかわいい夢見るような声で、すごく楽しそうに勝手におしゃべりを始めた。

「この子が食べられそうな葉っぱ、ないかな？」

私は考えた。家の前に母が育てている植木があったので、そこへ白い芋虫を連れて行った。とうもろこしに付いていたんだから、とうもろこしを食べさせればいい、という発想は、このときの私にはなかった。

家の前の植木の葉に白い芋虫を乗せてみた。

「どう？　食べられそう？」

――う〜ん…。

なんだか、ダメそうだった。

「じゃあ、こっちは？」

隣の植木鉢の葉に芋虫を乗せてみた。

――……。うん、だいじょうぶ。

私はうれしくなった。

でも、きっと母は、植木鉢の葉に虫がいると、すぐに割り箸でつまんで取ってしまうだろう。私はすぐに母のところへ行って、

「家の前の植木の葉に白い芋虫がいるけど、何もしないで」

と頼んだ。母は了解してくれた。

朝、学校に行くときに、私はチラリと家の前の植木に目をやった。

〝虫と話した〟

この事実が信じられなかった。話をしていたときは、はっきりとした現実だったのに、今はまるで、どこか遠い世界のおとぎ話みたいだった。私の日常に起きた出来事とはとても思えなかった。

そのせいかどうか、虫と話をしたその体験を、私は瞬く間に忘れてしまった。

数日後、私の顔のすぐ近くを、白い蛾が飛び回った。最初は、なぜ蛾が寄って来ているのか、まるでわからなかった。その蛾はうれしそうで、喜んでいるように見えた。

次の瞬間、私はハッとした。

「ひょっとして、あの芋虫?!」

私は、その蛾に気持ちを集中した。そして、私の手に止まってほしいと頼んだ。

白い蛾は私の手に止まりにきた。

「あなた、芋虫さんね。飛べるようになったんだね」

——そうだよ、ぼく……だよ。あいにきたんだよ。

芋虫は大人になっていた。私よりも年上のように感じた。

少しのあいだ、私たちは一緒にすごした。会話はあまりしなかったけれど、心が通じ合っているのを強く感じた。

白い蛾は、私の掌から、ふいに飛び立つと、

——そろそろ行くね。それじゃぁ、またね。

そう言って、私の顔から少し離れたところで、手を振るように羽ばたいた。

「うん、それじゃぁ、またね」

私も同じ言葉を繰り返した。

白い蛾は行ってしまった。蛾には、生きる目的がはっきりあるかのようだった。

私たちは、これが永遠の別れでないことを互いに感じていた。けれど、再び巡り会えたとき、私が相手に気づかない可能性があることもぼんやり感じた。

私は、しばらく一人で静かに時間をすごした。他人からは、ただボーッとしているようにしか見えなかっただろう。

学校や、家族や、他の人に意識を合わせたとたんに、虫と話した記憶はぼやけ、そんな意識の世界は初めからなかったかのようにすごすのだ。

いつもの毎日がまた始まり、私は学校に行ったり友達と遊んだりしてすごした。白い蛾のことを思い出すことは一時《いっとき》もなかった。記憶を失ったかのように、このときのことを私は完全に忘れてしまったのである。

古い校舎

私の一番記憶に残っている子供時代は、小学校の三年生から四年生のときだ。このころはいろんな物事に興味があって、また、いろんな出来事が起きた。

私の通っていた小学校は、校舎が煉瓦造りで、とても古い歴史を持っていた。私が在校していたときに、創立九十周年を迎えた。学校はさまざまな時代をくぐり抜けていた。

三年生の教室は一階にあり、窓の外には大きな木が何本も生えていた。そのせいで、晴れた日でも少し暗く、雨の日などは黒板の文字が見にくかった。

ときどき席替えがあり、窓側に座ることがあった。雨がしとしと降る日の窓側の席は嫌だった。そんな日に授業を受けていると、どこからともなく聞こえてくる音がある。飛行機の飛ぶ音や、何かが上空から落ちてくる音、火が轟々と燃えるような音、そして人々の叫び声、逃げまどうような声、悲鳴……。

前の席の友達に、

「ねぇ、聞こえない？」

と尋ねてみた。その子は、

「……なにも聞こえないよ」

と答えた。

ある日、私は授業中にトイレに行きたくなり、一人で行った。一階のトイレはとても暗くて、あまり行きたくなかったのだけれど。

トイレの個室に入っていると、地の底から湧いてくるような、低い声がし始めた。どこから聞こえてくるのかわからない、実体のない声だった。やがて、水色に塗られたトイレの壁から、痩せた兵隊の顔が〝にゅ～っ〟と現れ、私に何かを問うように叫び出した。

私は、恐怖の中で、必死に、

「わからない、わからない」

と言い続けた。

気がつくと、私は廊下に立っていた。トイレから出て、どこをどうここまで来たのか、全く覚えていなかった。

放課後の掃除の時間。雑巾を洗おうと、私は洗面所へ向かった。ジャブジャブ雑巾を洗っていると、洗面台のすぐ上の大きな鏡がどんどん曇り始めたのに気がついた。雑巾で、鏡の表面を拭いてみた。けれど、曇りは取れなかった。みるみるうちに、薄紫色の煙がもくもくと鏡を覆っていった。もう一度、持っていた雑巾で鏡を拭いたが、やはりダメだった。これは鏡の表面が曇ったのではなく、鏡の中に薄紫色の煙が立ち込めていったのだとわかった。

鏡は不思議な煙でモクモクして、この世界の景色は何一つ映さなくなっていた。

このころは、頻繁に、鏡に煙が立ち込める現象が起きた。家でもどこでも、鏡をのぞき込むと曇り始めるのだ。

私は、鏡の中に立ちこめる薄紫の煙が不思議で不思議でならなかった。

きっと今だったら、

「なんて失礼な鏡！　私は映すに値しないっていうわけ？」

と言ったりするんだろう。

習いごと

このころ、私は、まわりの友達が何か習いごとを始めたと知ると、ものすごく興味が湧いて、内容もよく知らずに何でもやりたがった。

中でも、たくさんのクラスメートが習うようになったそろばんは興味津々だった。最初は珍しくて、知らないことを知る喜びに溢れていたが、単調で同じことの繰り返しに、次第にそろばんに対して興味をなくしていった。

私の人生は、その後もずっとそうだった。同じことを繰り返す単調なことは、私にやる気をなくさせていった。段々と馴染めなくなっていき、続ける意味を見つけられなくなるのだった。

そのころのそろばんも、通い慣れて少し経つと、次第に無意味感を覚えるようになっていった。

だが、心が感じるつまらなさとは反対に、私の頭脳は、そろばん効果でどんどん活性化していった。

あるときのそろばん教室で、私は隣の席の女の子とおしゃべりしていた。先生が、

「静かにしなさい」

と言っても、私とその子はしゃべるのを止めなかった。

「ネガイマシテハ…」

先生の読み上げが始まった。いけないとどこかで思いながら、私はまだ話し続けていた。

問題の読み上げが終わると、先生は、

「それでは、誰に答えてもらうかな」

と、おもむろに私の名前を口にした。

私は、机の上のそろばんの珠《たま》を一つも動かしていないのだ。しゃべっていたから、先生の読み上げの数字も聞いてはいない。

——どうしよう。

そう思った次の瞬間、私は自分に意識を向け始めた。

すると、頭の中で先生の声が数字を読み上げ出した。私は、聞こえてくる声の通りにそろばんの珠を動かしていった。頭の中の先生の声が終わると、私はそろばんに置いた数を読み上げた。先生は何も言わなかった。ただ、合っているという合図に、頷いた。教室の中はしーんと静まり返っていた。

その後、私は親と何度も揉めた結果、そろばん塾を辞めることに成功した。晴れ晴れとした反面、もう一度、あの頭の中にテープレコーダーがあるかのような体験をしてみたいなとも思ったりした。しかし、そのためにあの退屈をもう一度やるのは二度と御免だった。

サイクル

いろんなことが、毎日、目まぐるしく起きては、時がゆっくりすぎていった。

友達や兄妹に親切にできたときは、三ヶ月後が待ちきれなくて、逆に、意地悪だったり嫌な思いをさせたときは、三ヶ月後が恐ろしかった。

なぜかというと、私の子供のころは、カルマがだいたい三ヶ月で一周していたからだ。それが中学、高校と進むにつれ、どんどんカルマのサイクルは速まり、今ではサイクルそのものが感じられないくらいになっている。

帰りたい場所

私が小学四年生のある時期、いつも心の中でつぶやく口癖があった。

〝帰りたい〟

どこへ帰りたいのか自分でもわからないのに、毎日心の中でその言葉を繰り返していた。ある日、学校にいるとき、無性に〝帰りたく〟なったことがあった。私は、てっきり自分の家が恋しくなって帰りたいんだと勝手に自分の気持ちを解釈し、その日、学校が終わると飛んで帰った。

家に着いて玄関を入ると、ふいに、

〝違う、ここじゃない〟
という感覚が走った。
――ここが私の家よ。
と、心の中でつぶやくと、また、
〝ここじゃない〟
という感覚を受けた。
――それじゃ、いったい、どこなのかしら?
私は、ランドセルを置くと、外へ出て〝帰るところ〟を探しに行った。
まず、いつも遊んでいる公園に行ってみた。
〝違う、ここじゃない〟
私の心はそうつぶやいた。
そこで、たまに遊ぶ神社に行ってみた。
〝ちがう、ここじゃない。帰りたい〟
今度は、少し遠くの広い空き地に行ってみた。そこでもなかった。

知っているところは全部行ってみたが、すべて違った。それでわかったことは、どこにも私が〝帰りたい場所〟はないということだった。

――いったいどこなんだろ？　どこに帰りたいんだろう？

その日は、一日中それればかり考えていた。私が帰りたがる場所は、この世界にはないのかもしれない、とも思った。

夜、ふとんに入ってから、この家で家族に囲まれて暮らす毎日を心地よく思いながらも、私は、自分がそんなにも帰りたがるその場所へ行ってみたいと思った。

眠りの風

その日、私は教室で自分の席に座っていた。

何の前触れもなく、急にそれまで見えていたまわりの景色が消えて、どこか別の異空間が見え始めた。

藍色の空間に自分が立っていた。体のまわりを、ビュービューとものすごい風が吹き荒れていた。その風は、私が持っているあらゆるものを吹き飛ばしていく。私には、これだけは手放したくない、というものがあり、私はそれを飛ばされまいと、すごい力で握りしめていた。けれど、どんなに強く握りしめても、その風は簡単に、大切だと思う何かを後方へ吹き飛ばしてしまった。手に持っていたときは、それが何かをはっきり知っていたのに、飛ばされて、手から離れた瞬間から、飛ばされたものが何であったか思い出すことすらできなくなった。

私はただ、風に吹かれているしかなかった。忘れたくない記憶や感覚など、さまざまなものが飛び去っていく。私は、どうしようもないわびしさを感じた。私は、自分が持っているものを失くしたくなかった。その風に吹かれるのは、とても悲しかった。

これは、この星のあり方に逆らって生きようとした人に起こる、地球の洗礼だ。

三十年前は、意識を自由に保つことが許されていなかった。

地球で暮らしていくということは、感性を忘れることでもある。これは、誰でもない、私たち自身が、それでよしと、心の奥で決めたことだ。

地球はもともと、忘却と眠りの星だった。この星に住むと、自分が誰で、どこから来たのかを簡単に忘れることができるのだ。

——自分自身を完全に忘れる。

これは、この惑星に生まれた者だけに許された、独特な生き方なのだ。

地球の息吹

母が買いものに行くというので、私はついていくことにした。

家の外へ出ると、ところどころで、地面から見えない何かのエネルギーが、高く突起状に盛り上がっては、地面よりも下に勢いよく落ちていく。外は見渡す限り、エネルギーの隆起だらけだ。あちこちでエネルギーが動いている。私の足下から、いきなりエネルギーが勢いよく噴出した。

「わぁっ！」

私は驚いて仰《の》け反《ぞ》った。

そうかと思うと、そのエネルギーは急下降して、深い穴ぼこになる。

「おっ～とっと」

危うくバランスを崩しそうになる。

母は、何も起きてはいないかのように、すたすたと歩いて行ってしまった。

私は何とか、母の後を追おうとしたが、歩き出せない。

「早くいらっしゃーい」

先を急ぐ母が、私を呼んだ。

「待ってよ。地面が……、これじゃ歩けないよ」

同じ姿勢は疲れた、とでも言うかのように、地球が伸びをしたみたいだ。

地球が生きていると感じた日だった。

緑色の空

私の父は、小さな工場を営んでいた。夕方、従業員の人達が仕事を終えて、手を洗い始める。真っ黒に汚れた手を、ピンク色の粉の石鹸で、丁寧に時間をかけて洗い流していく。このピンクの粉石鹸は、私の学校の上履きを洗うのにも使っていた。何度かこの石鹸で上履きを洗うと、白い上履きがほんのりピンクになる。特別ピンクの上履きが好きというわけではなかったが、ほんのりピンク色の上履きが私の上履きだった。

従業員の人達が手を洗い終わると、最後に父が手を洗い出す。私は、父が手を洗い終わるのを出入り口で待っていた。

父と一緒に空を見るのが日課で、私の楽しみだった。

夕暮れの空は、毎日違う表情をしていた。空の色が同じに見えるときも、雲の形や色が違って見えるから、やはりそのときだけの空だった。ときには、父の仕事が延びて、見上げる空が星空になることもあったが、それはそれで、素敵だった。

ある日、いつものように、私は父が手を洗い終えるのを出入り口で待っていた。やがて父は、タオルで手を拭きながらやって来た。私も父も何も言わずに家を出ると、同時に空を見上げた。いつもやっている毎日の日課。

この日、見上げた空は緑色だった。

父と私は顔を見合わせた。そして、再び空を見た。見渡す限り緑の空だ。

とても不思議で、私は何度も父の顔を見上げた。

奇妙な音

中学校に入学したお祝いに、かわいい亜土ちゃんの絵が描かれている腕時計を両親にプレゼントしてもらった。

うれしくて、私はどこに行くにもその腕時計をして出かけた。

ＪＲの駅から家まで歩いて二十五分の道のりを、私はよく歩いて帰っていた。

この日も、家まで歩こうと、駅ビルの柱にあった大きな時計と自分の腕時計を見比べてみた。大きな駅ビルの時計も私の腕時計も、どちらも同じ時刻を指していた。夕方にはまだほど遠い、午後の時刻だった。

歩くルートは、いつも決まって同じ。駅ビルを出て、アーケード街を通る。横目でお店をきょろきょろ見るが、いつも素通り。中学一年の女の子が立ち寄りたいと思うお店は、そう多くはなかった。アーケードを抜け、直進して踏切を横断。いろんな会社が立ち並ぶ、バス通りの狭い歩道を恐る恐る進んで、ラーメン屋さんの角を曲がる。油っこい換気扇のにおいを嗅ぎながら、今日は何人お客が入っているかな？　と、ガラス越しに店内を覗いて見るのもいつものこと。お客は一人か二人入っていたり、誰もいないことも多かった。

人気《ひとけ》のないラーメン屋さんをすぎると、住宅街になる。ここは道幅がぐんと広くなるのに、車はあまり来ない。しばらく行くと、道の左側にボロボロのアパートがあって、ここの一階に住んでいる人が、ブランドの服を着て高級車を運転するのを、何度か見かけたことがある。その落差の激しさはかなりのものだった。

そして、二百メートルほど直進して、角を左に曲がれば、四軒先が私の家。――なのだが、……気がつくと、私は歩道の上でぼーっと突っ立っていた。

「あれっ、いったい、どうして？」

私は、なぜ自分が道で立ち止まってしまっていたのかわからなかった。

「そうだ、家に帰る途中だったっけ」

そう思い出し、再び家路を歩き始めた。数メートル進むと、私は自分の体が硬直するほどの衝撃を受けた。

「私、さっきここまで歩いた！」

ベージュ色の家の前まで来た瞬間、そう思った。ならば、なぜ、数メートル後退したところにいたのか。しかも、ぼーっと立ち止まって……。

私は、いったい何が起きたのか、必死に記憶を辿ろうと頭を巡らせた。ここで何かを見たような気がする。でも、それ以上はどうしても思い出せない。

釈然としない気分のまま、私は家に帰った。

家の戸を開けて真っ先に見たのは時計だった。

〝二時間近くすぎている！〟

家の時計が進みすぎているんだと思い、慌てて自分の腕時計を見た。腕時計も、家の時計と同じ時刻を指していた。

自分は一時間以上ものあいだ、路上に立っていたというのだろうか。

たった今自分に起きた、わけのわからない出来事を母に話すと、

「時間を勘違いしたのよ。よくあることよ」

と言って、親身に聞いてはくれなかった。

私の勘違いなんかじゃない。何かがおかしい。私はそう思った。

そのころ、近所のお兄さんから、不思議なことが書かれた本をたくさん貰うようになり、学校から帰ると片っ端から読んでいた。その中に、異星人と接触した人やＵＦＯに遭遇したという人のことが書かれている本があった。

路上にぼーっと立っていた事件があってから、私は今まで以上にＵＦＯに興味が沸くようになり、同時に怖くなった。それというのも、あの事件以来、時折奇妙な音を聞くよう

になったからだ。

私は、どこか遠い国の誰かが異星人やＵＦＯと遭遇しても、日本にいる自分にはそんなことが起きるわけがないと信じていたかった。


小学生のころから、家の前では長い工事が行われていた。電線を地中に埋めるという工事で、五年がかりになるという。家の中では、毎日大きな音と振動が当たり前だった。時折、住民に対して工事の進捗状況の説明が行われ、近隣の人たちは、真剣な面持ちで参加していた。説明会から帰った父は、母や私たち兄妹に、工事がどうなっているのかを話してくれた。振動で、家のコンクリートにヒビが入ったりしていたので、子供ながらに心配だった。

工事の人達は、田舎から出稼ぎに来ている人がほとんどで、みんな親切な気のいい人ばかりだった。

ある夏、近所の商店街でどじょうの掴み取りがあった。私たち兄妹は、大張り切りで参加した。プールの中を泳ぐヌルヌルしたどじょうを、必死で追いかけて掴まえた。兄妹三人で掴まえたどじょうは、バケツ一杯あった。

それを見た工事の人が、

「うまそうだ」

とつぶやいた。どじょうをまだ一度も食べたことがない私には、その言葉が信じられなかった。

結局、どじょうは、工事現場で働く人達が暮らすプレハブ行きとなり、その日のうちに卵にとじられ、食されたらしい。

「あ〜、久し振りにさっぱりしたもん食った」

と言って、おじさんやお兄さん達は喜んでいた。

工事が進むにつれ、深く掘った地中から、大量の地下水が出るようになり、その水をポンプで汲み上げるようになった。

私の部屋は、工事をしている道路に面した場所にあり、一番うるさかった。それでも、夜になると工事は終わり、ひどかった騒音がピタリとしなくなる。そのギャップが激しかった。

宿題を終え、翌日の授業の支度を済ますと、電気を消してベッドに横になった。

その直後、奇妙な音が聞こえ始めた。

「ウ～ォン、ウ～ォン、ウ～ォン……」

その音は、まるで地中から聞こえて来るみたいに、低いくぐもった音だった。地下深くで、モーターを回したら、きっとこんな風に聞こえてくるかもしれない。そんな感じの音だった。私は音の正体をあれこれ想像し、自分が持っている知識と組み合わせた。出した答えは、ポンプで水を汲み上げるための、地中で回すモーターの音ではないかということだった。


このモーター音は、奇妙なことに、起きていると全く聞こえてこない。夜、寝ようと横になったときにだけ聞こえるのだった。

私は毎晩、このくぐもった低い音を聞きながら眠ることになった。初めのうちは、それこそ、本にあったＵＦＯの音ではないかと気が気ではなかったが、毎晩聞いているうちに音がするのが当たり前になり、私は次第にＵＦＯ説を忘れていった。横にならないと聞こえないなど、多少、不可思議ではあったけれど。

この奇妙な音は、一年半のあいだ毎晩続いて、ある日突然、パタリと止んだ。

音がしなくなって、半年後。

私は、家から目と鼻の先にある中学校の教室にいた。休み時間で、友達数人と話していた。休み時間の教室の中は、信じられないほどけたたましかった。そんな中、ふいに、あの音がし始めた。こんな昼間に、モーターの音を聞くのは初めてだった。私は、くぐもったこの音を、頑なに、工事現場から聞こえてくるものと思い込んでいた。

〝こんなに大きな音を出して、近所から苦情が来るんじゃないかしら〟

そう思って、工事関係者の困惑顔を想像した。

ところが、音はどんどん大きくなり、やがて、私のいる教室中に大反響し始めた。思わず耳を塞ぐほどの音だった。それなのに、友達は話すのを止める気配はない。音で話し声がかき消されて、何も聞こえないのに……。クラスの他の人達も、いつも通りふざけていて、教室中に響き渡るような大音響を気に留める人はいなかった。

私は、自分が見ている光景がとても信じられなかった。

そして、このとき初めて私は気づいた。この音は、他の人には聞こえないのだ、と。そして、この音は、工事の音なんかじゃなく、地球のもっと上の方から聞こえてきているものだ、と――。

惑星ネルティア

このころの私は、眠るのが大好きだった。夢の中で、ときどき、起きているときよりもずっと楽しい体験をすることがあった。

以下は、中学一年生の夏休みに見た夢だ。

気がつくと、私は宇宙船に乗って、どこかへ向かっていた。宇宙船には異星人の家族が乗っていて、宇宙船は彼らのものだった。私は、この船が彼らの惑星、ネルティアへ向かっていることを知った。

やがて、宇宙船が彼らの惑星に着くと、私は外へ出た。辺りは、薄いパステルピンクと淡い紫色に染まっていた。

この惑星には、空もなければ地面もなかった。ただ、淡いピンクと紫のやさしい色が広がるばかりだった。地球とは違う惑星の景色に、私は戸惑った。

そこで私は、この何もない惑星を感じてみることにした。自分の中に意識を集中し、感覚を開く。この惑星の空を感じた。私はさらに感じてみた。すると、驚いたことに足元には草が繁り、辺り一面が草原になった。もっと感じてみると、遠くには丘があり、丘の手前には大きな木も生えていた。自然豊かな星の姿が現れたのだ。

けれども、惑星のあり方そのものは地球とはまるっきり違っていた。

地球では、人々はみんな家に住んでいるが、この星には自然しかない。この星の人達が住んでいそうな家が、どこにも見当たらないのだ。私は、彼らの家を感じようと、さらに意識を合わせた。すると、家があった！　彼らの家は、自然と融け合って存在していた。

地球では、人がつくった人工物は、自然とははっきり分かれている。建造物が風景に溶け込んで融合しているということはほとんどない。

私は、この星の特徴を、驚きながらも楽しんだ。

宇宙船の中で出会ったネルティアの女の子と一緒に、目には見えない草原を、心で草を感じながら走り回った。

目覚めると、自分の家の布団の中にいた。しかし、たった今まで体験していたことがあまりに衝撃的で、ほとんど放心状態だった。時空間を超えた体験に、今日が何月何日なのかも思い出せないほどだった。

地球の意識

夜眠るとき、自分の体を抜け出して、外に出かけることがあった。

自分の部屋の天井付近でぐるりと回り、すぐに体へ戻ることも多かった。ときには早朝の銀座へ行って、カラスがゴミをつつくのを眺めたりした。

ある夜などは、夜中にトイレに行きたくなって飛び起き、トイレへと急ぐのだが、トイレに入ってから体がないことに気づいて、体を取りに部屋へ戻った、などという体験もあった。

その日も、いつものように、私は幽体離脱をした。

肉体から抜け出しても、〝私〟という範疇《はんちゅう》は残る。透明ではあるけれど、着ていた肉体どおりの自分がいる。

ところが、そのときの私は、もう一つ別の次元へ出てしまうことになったのだ。

それまで気づきもしなかった次元の壁を、私はそのとき初めて感じた。その壁は、こんにゃくみたいに弾力があり、厚みもあって、ぐにょぐにょしていた。

私はそのこんにゃくの壁を、押し潰されるのではないかと思いながら、ぐにょりと潜り抜けた。

そして、そこを抜け出ると、幽体の体はもはやどこにもなく、私は、〝私〟というカテゴリーには属していなかった。

〝私〟は意識体だった。

〝私〟は何者でもなかった。

〝私〟には「目的」がなかった。

〝私〟は「存在」していなかった。

〝私〟はすべての一部だった。

〝私〟はただ、地球の上空を漂っていた。

地球の表面を、ミルク色の靄《もや》が包んでいる。〝私〟は、その靄の中を漂っていた。「どこ」へ向かうというのも、何もなかった。

肉体を持って生きている現実では、私は「存在」することに必死だった。自分を探し、悩み、偽り、隠し、「これは違う」と感じることがあっても止めることはなかった。それこそが、この惑星で「生きる」ことだと思い込んでいた。


気がつくと、私はさらに、どこか別の次元にいた。

目の前に、地球の意識体がいた。地球は、私にやさしく波動を投げかけてきた。私は、地球からの波動を受け取ると、再びそれを地球に投げ返した。地球からの波動を、受け取っては投げ、受け取っては投げた。私たちはしばらく、波動のキャッチボールをした。

その波動を、あえて私たちの知っている言葉にするなら、

「愛している」

とでも訳せばいいのだろうか……。

朝起きると、一晩寝ていたとは思えないほど疲れきっていた。それでも、もう一度同じ体験をしたいと強く感じた。私の心は喜びでいっぱいだった。見るものすべてが、きらきらと綺麗に輝いていた。

Chapter 2

奇妙な記憶

私は、二十歳のときに引きこもりになった。その当時は、「引きこもり」という言葉はまだ一般的ではなかったが、私は突然、外出をしなくなり、人と話をしなくなった。どんどん社会との繋がりを絶っていった。家族も、私本人さえも、何が起きたのかさっぱりわからなかった。

朝、目が覚めると、リビングの椅子に座り、何時間もテレビを見続ける日々を送った。別に見たい番組があったわけではない。ただ、テレビの前に座っていた。テレビの前にいないときは自分の部屋にいて、床に敷いてあるカーペットの上に視線を落として、一点をじっと眺め続けていた。

活動的に何かをしたいという気持ちはまったく湧いてこない。ただひたすら、何かに意識を集中させるように、じっとしていた。

来る日も来る日も、私には予定がなかった。何もしない毎日をすごすのは、物心ついてから初めてのことだった。それまでは、当たり前のように、行くべき場所と、やるべきことが途切れることなく、常にあった。そのやるべきことをし続けていると、本当の自分と離れてしまうとわかっていたが、それでも止めることはできなかった。

まともな一人の人間として、社会に参加していたかった。まともであるためなら、心をどこかに置いてきても仕方ないと思っていた。誰に教えられたわけでもなく、いつの間にか自然にそう感じていた。

引きこもった生活の中に、楽しみは特になかった。誰とも話さず、部屋でぼーっとすごしていた。ゆっくりと、何かが心の奥で溶解するのを感じていた。

何もしないでいると、ときどき、子供のころの忘れていた記憶を思い出すことがあった。心の奥底に仕舞い込まれていた記憶は、引きこもらなければ、きっと思い出すことはなかっただろう。特にこの記憶は、健全に生きるのに邪魔だった。

私はその思い出に、「奇妙な記憶」というタイトルを付けた。

ところどころつぎはぎのようだけれど、覚えているまま書き出してみる。

私は、五歳で、お絵かきが好きだ。自分の家の二階に上がり、一人、クレヨンで絵を描いて遊んでいた。

家は木造の二階建てで、廊下に面した窓は高さが一六〇センチほどあり、南側の廊下はほとんどが窓だった。大きな窓からは明るい陽の光が差し込んでいた。

ふと、お絵かきの手を止め、窓の方を見た。開け放した窓の外に人が立っているのが見えた。その人は、群青色のヘルメットを被り、ヘルメットと同じ色のツナギの服を着て、同じ色の手袋とブーツを履いていて、あらぬ方を向いていた。

私がじっと見ていると、全身群青色のその人は、後ずさりして、磨りガラスの後ろに隠れてしまった。磨りガラスに隠れても透けて見えるはずなのに、その人は、私の視界から完全に消えてしまった。

再び画用紙に目を落とすと、私は絵の続きを描き始めた。すると、また窓の方が気になる。私はそちらに顔を向けた。窓の外にさっきと同じ人が立っているのが見えた。だが、さっきとは異なり、彼は私の方を向いていた。

私は急いで部屋の中を振り返った。そこには、窓の外に立っていた人と同じ格好をした人が五、六人と、銀髪の女性が立っていた。

私の体は浮き上がり、仰向けになると、そのまま頭の方からゆっくりと、窓から外に出て行った。太陽の光がものすごく眩しくて、私はぎゅっと目をつぶった。

気がつくと、私は宇宙船の中にいた。その船はホマティアという星の船だった。銀髪の女性は名前をティマといい、彼女がこの宇宙船のリーダーだった。

最初に私がいた場所は、コックピットに当たる部屋だった。広くガランとしていた。この部屋に、宇宙船に乗っているほとんどの人が集まっているのがわかった。

何もない部屋の上部に、突然映像が映し出される。スクリーンはなく、ただの空間に、映像だけが鮮明に見えた。映像は、私の過去生を映していた。画面は一つではなく、幾つかあって、それぞれが別の時代の過去生を写していた。音声はなかったが、そのときの私がどんな状況にあって、何を思い、感じているのかがわかるのだった。ひどいことをさんざんしている時代や、みじめな思いをした時代が映し出されると恥ずかしかった。

自分の過去生を一通り見終わると、私はまた別の部屋へ移った。その部屋もガランとしていた。ここで身体検査をするという。何もない部屋に私一人で入るのだが、一人になるのはとても嫌だった。

すると、一人が私と一緒に部屋に入ってくれることになった。部屋の上部には窓があり、そこに技師が座っていた。私一人が部屋に入る予定で調整されていたのを、二人入っても私のみの検査ができるように、再度調整し直すことになった。その調整のために、検査部屋の前で少し待たされることになったが、私は不安でいっぱいだった。

宇宙船の人は、みんなとてもやさしく接してきた。私はすぐにこの人達に親しみを感じるようになった。

〝準備ができたよ〟

というやさしいテレパシーに、私は緊張した。検査が怖かった。

部屋に二人で入ると、私は、

〝抱っこしてほしい〟

と心で伝えた。私はすぐに抱き上げられた。部屋の外では何人かが、この行程をやさしく見守っていた。

検査部屋の上の窓から、さっきの技師が、

〝始めるからね〟

と、話しかけてきた。

検査はたった数秒で終わった。なんのことはない。私はただ、その部屋の中に数秒間いるだけでよかったのだ。

宇宙船の中では、私がどんなにわがままを言っても、それはわがままにはならなかった。地球では、誰かの意見を聞き入れると、他の誰かが我慢することになる。一人のわがままにまわりが振り回されたり、たった一人の行動で何人もが迷惑を受けたりする。地球ではよくあることだが、宇宙船の中ではあり得ないことだった。ここは波動が高いのだ。

宇宙船に乗っている私とリーダーのティマ以外のすべての人は、群青色のヘルメットを被っていた。

広い部屋に、私とティマと、ヘルメットを被った数人がいた。離れた場所にあるメタリックの壁がスッーと開いて、別の人が部屋に入ってきた。その人はヘルメットを着けていなかった。真っ白な肌を持ち、四角い細長い目をしていた。地球では見たことのない、初めて見る姿だった。私は一瞬、

〝あっ！〟

と、少し驚いた。それから急いで、傍にいた数人の人達に視線を移した。彼らが被っていたヘルメットが、いつの間にか消えていた。みんな同じ四角い目をしていた。

強い信頼と安心感を持っていた私は、その外見に対して思い切り好奇心を持つことができた。

私は彼らのもとへ走り寄ると、もっとよく顔が見たくて、抱っこをせがんだ。抱き上げられた私は、彼の四角い横長の目を覗き込んだ。白目と黒目にあたるものはなく、彼らが身につけていたヘルメットや服と同じ群青色だった。瞼もなく、きらきらと潤んでいた。

〝なんてきれいなんだろう〟

と、私は感動した。

その目の奥には、群青色の宇宙が、深く、どこまでも広がっていた。

後になってから感じ取ったことだが、彼らが私に顔を見せるタイミングは、私の細胞レベルまでの心理状態を見極めながら、とても慎重に進められていたのだった。

私は宇宙船の中を自由に歩き回った。部屋も好きに見て回れた。部屋はどこもガランとして、似た感じだった。

私が意気揚々と歩き回っていると、ティマがテレパシーで私を呼んでいるのを感じた。何か用があるらしい。ここでは、誰がどこにいて、何をしているか、お互いにみんなが知っていた。私は心の中で返事をした。

〝まだここは見てないから、ここを見てからね。ここを見たら、向こうのお部屋とそのもっと先のお部屋も見て、会うのはその後ね〟

地球では、間違いなく母親が目くじらを立てるようなことでも、どんなに気ままに振舞っても、誰も怒らない。不機嫌になることもない。波動の高さから来る自由を、私は満喫したのだった。

宇宙船に乗ってどれくらい経っただろう。窓の外には宇宙が広がっている。

私は、見たいテレビ番組があったことを思い出した。家に帰ってテレビを見たかった。こうしているあいだにも、見たいテレビが終わってしまうんじゃないかとソワソワした。

〝今すぐ、帰りたい〟

と、私は伝えた。

宇宙船は様々な役割を担っていたようだ。詳しくはわからなかったが、宇宙で何か大切な仕事をしていたのだろう。

私の気持ちを聞いて、宇宙船のみんなは、

〝それじゃあ、この用事が済んだら、急いで帰ることにしよう〟

と、やさしい穏やかさで言った。

でも、子供だった私の「今すぐ」は、本当に今すぐのことだった。私は心穏やかではなくなっていた。そうして、待って、待って、ようやく用事の済んだ宇宙船は、地球に向けて飛び始めた。一刻も早く家に帰りたかった。

どうやら、とても遠くの宇宙まで来ているようだった。ときどきワープを繰り返しながら、宇宙船は飛び続けた。地球の上空に来ると、機械操作専門の技師が来て、台の上のも

のをなにやらいじった。それが終わると、私に、

〝これで大丈夫だよ〟

と、そう言った。

宇宙船を降りるときがようやく来た。私は走り出したい気持ちだった。

宇宙船を出ると、そこは私の家の中だった。彼らは、私を地球から連れ出したときと同じ場所、同じ時間に帰してくれたのだった。私の家族は、私が出かけていたことなど何も知らないのだ。

テレビが始まる時間までは、まだたっぷりと余裕があった。

肉体は幻

私の引きこもり生活は、ご多分にもれず昼夜逆転していた。家族がいる時間は部屋ですごし、夜に家族が寝静まると、居間に来てテレビを見たり、料理をしたり……小麦粉をこ

ねてパンを焼き、明け方ごろ、部屋に戻ったこともある。ただし、私の場合は、家族と全く会わないというものではなかった。

季節は冬で、ストーブにやかんが乗っていた。何時間もつけられたストーブの上で、やかんのお湯はぐらぐらと沸き続け、蒸発していた。もうそろそろやかんにお水を足さないと、と思いつつ、ストーブの前を何度か行ったり来たりした。

そうやって何度目か、前を通ったとき、私はストーブのやかんを引っかけて床の上に落としてしまった。それほどやかんは軽くなっていた。やかんが床に落ちた拍子に、お湯が飛び散り、右足の甲にかかった。

「アツッ!」

あまりの痛さに、洗面所へ駆け込んだ。冬の水道水は、氷が要らないほどキンキンに冷たかった。私は、履いていた靴下ごと、水の中に右足を突っ込んだ。

二十分ぐらい冷やし続けただろうか。さっきの痛さが嘘のように引いていた。

冷やしていた足を水の中から引き抜くと、私は、履いていた靴下を脱いでみることに決めた。

恐る恐る、そーっと、できるだけ慎重に、靴下に手をかけた。やけどをした皮膚がどんな状態になっているのか、わからなかったからだ。やけどをしていない部分の靴下を下ろし、かかとに靴下の履き口を潜らせた。

さあ、いよいよ、やけどをした足の甲の部分の靴下を剥《は》がすときだ。私は、注意深く、ゆっくりと脱いでいった。患部の靴下をそーっと外すと、ベロンと何かが剥がれる感触と、靴下にズッシリ、今までにない重みが加わってきた。

「ああ、やっぱりひどいやけどをしたんだ！」

足の甲の皮膚がずるりと剥《む》けて、靴下の内側にくっついてしまったのだった。

怖くて、自分の足を見ることができなかった。真っ赤にただれているのだろうか。治るにはどのくらい時間がかかるのだろうか。私は引きこもりのまっただ中にいて、やけどの治療と向き合えるほど精神は健全ではなかった。

自分の足を直視する勇気がなく、私は、今脱いだばかりの靴下を調べることにした。私の足の皮膚が内側に張り付いているはずの靴下を、そっと裏返してみた。だが、靴下の内側には、どこにも皮膚はくっついていなかった。おかしい。脱ぐときに感じたずっしりとした重み、あれはいったい何だったのか。

解せない気持ちで、自分の足を見てみた。

「えっ?!」

足の甲は、やけどどころか、赤くすらなっていなかった。健康な普通の皮膚をしている。これはいったい、どういうことなのか。私の脳裏に、

〝もしかしたら、やかんのお湯はそんなには熱くなかったのでは?〟

という考えがよぎった。それにしては、ストーブの上で、やかんはカタカタ鳴っていた。足の甲をよく見ると、甲の一部分に、靴下の編み目が茶色く焼き付いていた。指で触るとヒリヒリした。


「現実は想像で、肉体は幻である」

そんな言葉が浮かんだ。

引きこもりをした理由

引きこもり生活は、家族の中の私の立場に変化をもたらした。私は兄と妹との三人兄妹で、私は妹でもあり、同時に「お姉ちゃん」という立場にもあった。

私が引きこもるようになると、妹は私に不満をぶつけてくるようになった。私のことを「お姉ちゃん」とは呼ばなくなり、名前で呼びつけるようになった。小さいころから、私は「お姉ちゃん」として、「お姉ちゃん」であろうとプライドを持って頑張ってきた。だが、このとき、妹から降格を言い渡されたのだ。

引きこもりですっかり自信をなくしていた私は、妹にプライドをぶつけることも、反論することもなかった。それどころか、私は「役目」から解放された肩の軽さを感じていた。

あまり家から出ることのない私に、家族は簡単な仕事を頼んだ。その一つが風呂掃除だった。

私は掃除のため、風呂場に向かった。脱衣所にいると、まわりの空気が急に変わり、シャワシャワと音が鳴り出した。異音を感じ、なにが起きるのかと私は少し身構えた。見ると、風呂場の角それぞれから、三匹のゴキブリが現れ、洗い場の中央に集まって、鼻先をくっつけ合っている。シュワシュワという音の正体は、ゴキブリたちの交信音だった。まわり中の空気を震わせる、とても大きな音だった。私の気配を察したのか、ゴキブリたちは急に交信を止め、どこへともなく、あっという間に消えてしまった。


寒くなってきたある日、私は部屋着のズボンを長ズボンに替えようとした。

二階には、半分物置と化した一間があった。私たち兄妹の部屋を増築するため、窓を塞いだ部屋だ。この部屋は、部屋としての利用価値がなくなり、タンスなどを置くための物置として利用していた。窓がないのにものが色々詰め込まれ、換気が悪く、ダニに悩まされていた。

私は、その部屋に無造作に置かれていた長ズボンを取り出すと、さっと履いた。

一階の居間でそのまま椅子に腰掛けていると、右太ももの辺りで、輪を描くように、何かが交信を始めたのがわかった。輪の直径は十五センチほどで、何度か交信があった次の瞬間、私は何十匹ものダニに刺された。刺された範囲は、交信していた場所と全く同じ。私の太ももの皮膚には、直径十五センチにわたってダニに刺された無数の赤い突起ができ、それがひどい痒みを引き起こすことになった。

虫の言葉こそ聞き取れないが、虫たちの息遣いは聞こえてくる。

社会との関わりを絶って、社会の風潮や常識と離れ、ときには誰とも、家族とも話さない日もある。そんな日々の中で私が持った感覚は、幼いころに持っていたものに近かった。

この感覚は、私に深い懐かしさをもたらしていた。遠い日にどこかへ置いてきてしまった感覚だ。私は、その感覚をどうしても見つける必要があった。このままでは自分を見つけられず、絶望してしまうからだ。このままでは、というのは、今社会に戻ってしまったら、という意味も含んでいた。

「いつまで家にいるんだよ。外で働けよ」

生産性のない私の暮らしに、兄と妹は不快感を露わにした。

——わかってる。でも、動けない。私は、今とても大事な時間をすごしているんだ……。

私は、深海にも等しい心の奥、自分の内へ内へと潜っていった。

深すぎる心の中は静寂に包まれていた。心の中で、やるべきことを着々と進めるあいだ、海上にいる私は葛藤していた。静と動を同時に抱えていて、まるで嵐のようだった。

それは、この引きこもりがもうすぐ終わるという、私の中からのサインなのだ。

私は着実に、飛び立つための足場をつくっていた。


家族の食事の支度をするようになった私は、しだいに買いものに出るようになった。

歩いていると、一つのビルが目に止まった。何かの会社の建物で、そんなに大きいビルというわけではないが、立派な建物だった。

「いったい、誰が建てたんだろう。何も持っていない私には、ビルを建てるなんて無理だな」

そうつぶやいた。

〝もうすぐ、終わる。もうすぐ、もうすぐ〟

男の人の声がした。私は誰かいたのかと、急いで後ろを振り返ってみた。しかし、まわりには誰もいなかった。

その声は、もうすぐ終わる、と繰り返し言っていた。言葉はそれだけだったが、その声は、言葉と同時に情報を伝えてきていた。もうすぐ終わる――終わるのはこの経済社会だった。

金を稼ぐことが第一で、人生探し、自分探しを諦めてしまう人もいる。

私たちは、金にあまりにウエイトを置きすぎてしまった社会からの脱却を決めたのだった。

今思えば、これはチャネリングだったのだが、このときの私には、声が聞こえるなんて、頭がおかしくなったとしか思えなかった。そのうち、誰かが気づいて、私を病院に入れてくれるかもしれないと思った。

母の勧めで、カウンセリングを受けた。私はそこへ行くまで、そこが何をするところか知らなかった。カウンセラーという職業に衝撃を感じた。私もこんな仕事をしてみたいと思った。

今までずっと敷かれたレールの上にいて、必要があって一度社会から離れたが、必要があって復帰する。それも自分の意志で、初めてそうするのだ。バラバラに解体した自分を組み直すのに、社会がどうしても必要なのだ。

やがて私は就職し、会社に通うようになった。

ある日、家で新聞を見ていると、モノクロの紙面の広告が、黄金に輝いて見えた。

「カウンセラー養成講座　生徒募集」

きらきらと輝き、立体的にすら見えるその広告は、私の人生を大きく変えていくことになるのだった。

Chapter
3

移行期間

カウンセラーの講座が修了するころ、私は一人暮らしを始めた。好きなときにお風呂に入り、好きなだけ長風呂をして、好きなテレビを楽しみ、私は幸せだった。

家賃を払うため、生活の質の向上のため、少しでもボーナスが欲しいから、という理由で、どんな日も会社に行くようになった。一人暮らしを始めて意識も変わり、自分や周囲への責任を感じるようになっていった。目に見えない社会の常識が、再び私の自由を奪っていった。

たとえば、今日は海が見たいと、朝起きてふと思う。私の心はそうする方が良いと感じている。けれど、それはできない。会社に行かなければならないからだ。今日会社に行って仕事をして、週末の休みまで海には行かないというのと、今日を心のままに行動して、会社には明日行く、というのでは、仕事に対する効率が違うと思うのだが、そんな融通がきくはずはなかった。バカな考えを捨てる方が生きやすいことを、もう知っていた。会社に行きたがらない心を置いて、会社へ向かった。


〝トイレに行きたい〟

私の体は仕事中に訴える。でも、忙しいから我慢。

〝喉がすごく乾いた。水が飲みたい〟

でも、水を飲みに席を立つのは効率が悪い。私は時計をちらっと見る。あと三十分したら、今やっている仕事のキリがいいから、後で飲もう。

〝お花見に行きたい〟

今日は疲れているから、また今度。

私は、私自身が出してくる様々なサインを無視した。

会社に毎日行って、一人前に仕事をこなすのが自立した生き方だと思い込んでいた。

そのころから、会社の人間関係に変化が生じ、毎日悩むようになった。

私は、上司から正当な扱いを受けていないと感じることが増え、納得できなかった。少しずつ上司への信頼が壊れ、会社を辞めたいと思うようになった。

そして、再びカウンセリングを受けるようになった。けれど、いくらカウンセラーと話し合っても埒《らち》があかない。私は、上司との関係の根は、もっと深い意識の奥にあると感じていた。しかし、そう思っても、このときはそれが何を意味しているのかわからなかった。

三ヶ月後、会社を辞めようと漠然と思った。その三ヶ月間は、不思議なことに、私が会社を辞める方向に物事が動いていった。

上司への強い不信感を払拭できないまま、私は会社を辞した。

会社さえ辞めてしまえば、会うこともない上司のことは忘れてしまうだろうと思っていたのだが……。

導かれて

会社を辞めた後も、私は毎朝、

「あの人は、まったく！」

と言いながら、元上司を非難して目を覚ましていた。

最初は、会社を辞めたばかりだから仕方ない、そのうち時間が経てば大丈夫だと思っていた。

だが、それから一年がすぎても、

「あの人は、まったく！」

と言いながら目覚めるのだった。

状況は一年経っても変わらなかった。自分でもおかしいと思い、心療内科を受診する必要を感じていた。

そんなとき、本屋で間違えて買った雑誌に、退行催眠の広告があった。心理カウンセリングよりも解決が早いという。

以前、この問題でカウンセリングを受けたが、何も解決しなかったことを鑑みて、私は退行催眠にかなり興味を持った。受けるかどうするか迷ったが、

「そうだ、夕方の五時になったら、ここに電話をかけてみよう」

私は根拠なくそう決めた。すぐに決められないときにいつも使う、その場から逃げる私の常套手段だった。

家で雑誌を見たり、ゴロゴロすごすうちに、あっと言う間に五時になった。

信じられないことに、時間になったとたん、私は電話の子機を手に取り、ダイヤルを回しだしたのである。これは私の意志ではなかった。あっけに取られているうちに、電話は退行催眠の事務所に繋がってしまった。受話器の向こうから男性の声が聞こえてきた。

「退行催眠をご希望ですか？」

私は慌てて、今悩んでいることや、カウンセリングを受けたことがあるが解決できなかったことを話した。けれど、退行催眠を受けるかどうかは、何とも答えられなかった。

「予約の日時と時間を決めて、来てみてください。受けるかどうするか、来てから決めて構いませんから」

行ってみようと思った。私は予約をした。

でも、まだ退行催眠を受けるとは決めていなかった。

約束の日、私はその事務所へ向かった。事務所は、新宿にほど近いオフィスビルの中にあった。私は、事務所のある七階でエレベーターを降りた。降りた瞬間に、私の両肩の左右に一人ずつ、人がいる気配がした。ところが、振り向いて見てもそこには誰もいない。それでも、気配は確かにあった。私の腕をそれぞれの人がしっかり掴んでいて、私はまるで連行されているかのようだった。

私は、〝導かれている〟と感じ、これから自分の人生にとても大事なことが起きようとしているのが直感でわかった。

目には見えない二人に連れられて、事務所のドアの前に着いた。ドアをノックすると、中から男性の返事が聞こえた。そのとき、私の左側にいた人が漏らした、ほっとするような安堵の溜め息を、私は聞いた。

事務所の中から現れた男性は、背が低く、眼鏡をかけていた。私を中へ招き入れ、お茶を入れてくれた。温かいカモミールのハーブティだった。このセラピストと話すうち、セッションを受けてもいいな、という気になった。

事務所の中に据えられたリクライニング・チェアに横になると、そっと目を瞑り、セラピストの心地のいい声の誘導に導かれていった。


……小さな南の島に、ヤンという少年がいた。

彼は、漁師をしている父と、葉を編んで入れものづくりをする母との間に生まれた。

ヤンの住む小さな島から小舟でも行ける、ほど近いところに大陸があり、ヤンは、その大陸へ渡り、医師になりたいという志高い夢を持っていた。やがて青年になったヤンは、前々から尊敬していた医師の元に弟子入りするため、大陸へと渡る。

ヤンは毎日、薬草を採ってきては、乾燥させ、擦り潰し、それらを調合し、また助手をして、仕事を学んでいった……。

ヤンは私の過去生で、ヤンの師である医師が私の元上司なのだった。

セラピストが、

「時間を早めましょう。ヤンが四十歳のときまで時間を進めましょう」

と言った。私の見ていた映像が急に暗くなり、そして、再び映像が現れた。

「何が見えていますか？」


……ヤンは四十歳になっていた。弟子を一人抱え、医師ではなく薬剤師として、店を営んでいた。

ヤンは結婚したいと思っていない。彼は人生を楽しむこともなく、ただ黙々と毎日働き続けた。彼の胸中は暗く、医師になれなかったことに絶望し、そのことをひたすら悔やんでいた。彼が師事した医師は、ヤンが医師になることを許可しなかったのだ。

……彼は七十代で、弟子に見守られながら、最後まで医師になれなかったことを悔い、故郷の島に想いを馳せて、息を引き取った……。

「さあ、目を開けてください。気分はどうですか?」

私は、時を越えて今生の人生に戻ってきた。驚きでいっぱいだった。

セラピストの問いかけに、すぐには答えることができなかった。

人生はこの生一度きりではないと、頭ではわかっていた。私は前世を信じていたし、輪廻転生などを解説した類の本にも出合っていた。人が何度も生まれ変わることを疑っていなかった。でもそれは、自分のことではない、どこかの誰かの話でしかなかった。

自分にも前世があり、何度も生まれ変わっている。

それを突きつけられた体験は衝撃的だった。当たり前のようにわかっていると思っていたのに、実際に体験すると、私の頭と心は異なる反応をしたのだ。正直、自分がここまで前世の存在に驚くとは思ってもみなかった。

黙っている私に、セラピストは続けた。

「どうしてヤンがあんなになりたかった医師になれなかったのか、原因が出てこなかったね」

私はわかっていた。原因が出てこなかったのは、見る必要がなかったからだ。

私の上司である彼女は、大企業に勤めるプログラマーだった。彼女の独身時代は、結婚をせず、キャリアを取る生き方を選ぶ女性が増え始めた時代だった。そんな中で、彼女は二十代のとき結婚し、会社を辞める選択をする。まわりから「どうして結婚なんかするの？」と言われながら。

彼女の結婚相手の男性は、同じ職場の後輩だった。彼女の夫は、彼女と同じころに会社を辞め、夢だった自分の会社を設立した。経営はとても順調で、経済的にも何不自由なく、やがて子供が生まれ、すくすくと育っていった。

だが、あるときふと、彼女は、自分が社会からポツンと取り残されているような孤独を感じるようになった。その孤独から抜け出そうと、焦燥感にさいなまれ、働きたいという彼女に、夫はこう言った。

「生活に困っているわけじゃないんだ。止めてくれ」

しかし、彼女は、これ以上孤独と一緒にいることはできなかった。近所の会社のパート募集のチラシを見つけ、働き出した。

そこは従業員が九十人ほどの、小さな会社だった。大企業にいた彼女からすると、魅力はあまりなかったが、家から近いというメリットを持っていた。彼女は、この会社で働くうちに、会社にとってなくてはならない人になっていった。彼女の方も、最初はこの会社で長く働く気はなかったものの、少しずつ、この職場が彼女の中で重要なものになっていった。

しかし、子供がまだ小さくフルタイムは無理であった彼女の実情に反して、会社はフルで働ける人材を欲しがっていた。会社は彼女の知識を重宝していたが、会社での彼女の立場はとても不安定だった。そこへ私が現れたのだった。

私は、彼女の後任という形で入社した。彼女の気持ちは激しく揺れ動いた。

毎日私に仕事を教え、私が仕事を覚えていくのを、彼女はどんな気持ちでみていたのだろう。

彼女は、家に一人でいると、気がおかしくなりそうだったと笑っていた。

ヤンは医師になれなかったが、なぜなれなかったのかを、少しは理解していたのだろうか。

時を超えて私たちは再び巡り会い、過去生で互いに理解し合えなかった感情のもつれやわだかまりを解くために、今生で過去の続きをやったのだ。

「もう少し、続けて受けに来た方がいいと思うよ」

と言うセラピストの言葉に従い、私は次回の予約をすることにした。

事務所を後にし、私は帰路に就いた。電車に揺られながら、

〝何かとても大切なことを、私はしている！〟

と、強く感じていた。

その後も、何度かその事務所を訪れ、子供のときのことや、過去生を見た。

体験を繰り返すたび、私の中を通るパイプの詰まりが取れていき、エネルギーの通りがどんどん良くなっていくのがわかるのだった。

宇宙意識

部屋で、何をするわけでもなくすごしていた。今まで受けたセラピーのこと、そのときに見えたリアルな映像の数々、そして、今生を生きる意味について、私は考えないわけにはいかなかった。

静かに目を閉じた。すると、菱形に輝くものが見えた。

〝なんだろう？〟

もう一度目を閉じると、今度はさっきよりもはっきりと見えた。私はその菱形の光に意識を集中した。それが何なのか知りたかった。

光は、私を包むように、上からやさしく見つめていた。私は、その菱形の光輝くものが、意識体だと理解した。

「だれ？」

私は問いかけた。意識体は、私がコンタクトしてくるのをじっと待っていたようだった。

〝私はナディア。ナディア・ナプルコステア。やっと会えましたね〟

私は、ハッと目を開け、一人暮らしのこの部屋に、他に誰かいやしないかときょろきょろした。今のこの体験を誰かと共有したかった。だが、一人暮らしの部屋には、私のほかに誰もいるはずがない。諦めて私は目を閉じた。すると、さっきと同じ、菱形の光が見えた。

〝あなたがこの世に生まれる前から、私はあなたを見守り続けてきました。あなたに会えるのをずっと待っていました〟

「ずっと待ってたの？　私を？」

なぜ待っていたんだろう。私はナディアのことなんて知らなかった。今みたいに話しかけてくれたら、もっと早く気づいたのに。

そんなふうに思いかけたとき、私の深いところから、

〝自ら目覚めること〟

そんな言葉が湧いてきた。

〝私は、ずっとあなたと共にいました。この日を迎えられたことが、何より喜びです〟

ナディアのやさしい波動は、ただ懐かしく、嬉しさがこみ上げてきて、私はむせび泣いた。私の中から喜びが幾重にも溢れた。自分をそんな風に思ってくれる存在がいたことに驚きながら、私自身もこのときを待ち望んでいたように感じた。

生まれてきてよかったと、心から思った。


私がした体験を後日セラピストに話したが、彼は驚きもしなかった。

「なんていう名前か、聞いた？」

「ナディアと言っていました」

答えながら、彼が驚かないことに私は驚いた。

「あの、ナディアって、誰なんです？」

私は少し苛立つように聞いた。

セラピストは、知らなかったのか？　という風である。

「地球が変革の時期を迎えていることは知っているよね」

私は頷いた。その手の本を何冊も読んでいた。

「このままでは、地球はダメになってしまう可能性があって、そうなると宇宙全体に影響が出るんだ。それで、肉体を持たない、次元の高い意識体が我々地球人のサポートに来ている。その存在が、君の場合、ナディアなんだね」

セラピストの話を聞き、呆然としながら、そもそも自分はどうしてここに来ることになったのかを考えていた。元上司と出会っていなかったら、私はここには来なかったんじゃないか。あの会社に入らなければ、彼女とも出会っていなかった。

私は、人生の歩く道を知らぬ間に間違えて、間違った結果、ここに来てしまったと思いたかった。セラピストの話す内容は、とても受け入れられなかったからだ。

「肉体を持たない意識体って、そんなのが人間をどうやってサポートするっていうんですか？」

私の憤った問いに、彼は静かに答えた。

「意識が問題なんだ。我々の意識が、地球の未来をつくるんだよ。地球に必要なのは、高いクリアな意識なんだ。それで、宇宙意識が助けに来ている」

私は、今自分がどこにいるかをまず思った。私がいる場所は、新宿に近い都心だ。事務所の外では、道路を走る車が時折渋滞しながら、途切れることなく走っていく。道の両側には店がぎっしり建ち並び、うるさいぐらい賑わっている。こっちが現実だ。

宇宙意識なんていうものは非現実的だった。

私はセラピストに、どうしても今の話が信じられないこと、夢物語にしか思えないことを伝えた。彼は少し黙ってから、こう言った。

「それじゃあ、いったい君は、何を信じるの？」

数日間、私は、セラピストの話や、話しかけてきた宇宙意識ナディアについて考えた。ナディアに出会った私の、心から溢れる喜び。もし、自分の人生にわけのわからないことが起きたらどうすればよいのか。子供のころにすごした家族との時間や、今まで培ってきたはずの様々なことについて、私の思考は止まらなかった。

ナディアとの出会いは、そのときは震えるほど感動したのだが、それを通りすぎてしまうと混乱が残るだけだった。理性は、

〝こんな話、聞いたことがない。両親も、先生も、友人も、今まで出会った人で、こんなことを教えてくれた人はいなかったじゃないか。簡単に信じるわけにはいかない〟

と訴えていた。

抱えている感情を解決すると宇宙意識が話しかけてくるなんて、私は知らなかったし、自身が抱える感情に、私のように向き合っている人もいなかった。

「君と同じように、宇宙意識と出会った人たちが集まるところがあるんだ。君もおいで」

セラピストに誘われ、私はそこへ行くことになった。疑いを挟んでいる私に、彼は澄んだ目を向けている。セラピストの宇宙意識を疑わない姿勢に、少しずつ私の態度がほぐれていった。

それでも、せめぎあいの中で、私の社会常識が勝ってしまうことがときどきあった。

私は、ナディアに聞いた。

「なぜ、宇宙意識と出会う人と、そうでない人がいるの?」

ナディアは答えた。

〝出会う時期の問題です。早いか遅いかの違いです〟

「出会う時期？　それじゃ、私はどうして今だったのかしら？」

〝あなたの魂の目的のためです〟

「私の魂？　私の目的って、何をすればいいのかしら」

〝それは、占いですよ〟

「占い？　私が？」

ナディアの言葉はとてもやさしかったが、思いもよらない答えに、私の目は点になった。

小学生のとき、本屋でタロットカードを見つけてから、占いはずっと私の趣味のようなものだった。

そのタロットカードを見つけたときのことだが、私はそのとき、すたすた店の奥へ歩いていって、体が勝手にタロットカードの前でピタリと止まると、タロットカードを手に取り、そのままレジへ向かったのだった。不思議なことだが、そのときの私は、タロットカードが何をするものかまったく知らなかった……。

占いをするとはいったいどういうことだろう。私が占い師になるというのだろうか。だとしたら、冗談じゃない。私はもっと「まともな」仕事を望んでいた。当たるかどうかわからないような、人生のグレーゾーンに立ち入るつもりは全くなかった。

占いをやるように言うなんて、ナディアって、宇宙意識って、なんなのかしら。なんだか、大がかりな騙《だま》し、「どっきり」にあっているのではないかと思ったりした。嘘だよ、占いなんてやらなくていいんだよ、と、笑いながら誰かが言うんじゃないかと思った。だけど、私を「どっきり」にかけたところで誰にトクがあるというのか。思い当たる人などいなかった。

セラピストは、宇宙意識と出会った人たちがいるというところへ私を連れて行った。そこは会社のようで、セミナーを企画しているという。

会社の隣の部屋ではセッションが行われていた。

入ってすぐのところに、小さいテーブルが置かれていて、私はそこへ招かれた。アロマテラピーを教えているという女性が、私にお茶を入れてくれた。お茶を飲んでいると、隣

の部屋から二人の女性が出てきた。背の高い茶髪の女性が、私に名刺を差し出しながら、

「繋《つな》げ屋です」

と言った。

私は、名刺を受け取りながら、この女性の言った「繋げ屋」の意味を考えていた。

部屋の奥には事務机が並び、一番奥の席に女性の社長が座っていた。社長の斜め前には、ドリーム・セラピーという、見た夢でセラピーをする女性がいた。

私は口数少なく、テーブルでお茶を飲みながら、彼女達の会話を聞いていた。会話の大半は意味がわからなかったが、「常識」を超えていたことだけはものすごくよくわかった。

「繋げ屋」というのは、人と宇宙意識とを繋げる人のことらしい。この背の高い茶髪の女性のもとには、宇宙意識と繋がる準備のできた人が訪れるそうだ。

不意に、奥の席から、女性社長が私に話しかけてきた。

「ねぇ、あなたのサポートをしに来ているのは、何という名前の方なの？」

サポート……宇宙意識のこと？

とっさに合点し、

「ナディアです」

と答えた。すると、

「ナディアさんとは仲良くしてる？」

明るい笑顔で私に聞いた。

宇宙意識と仲良く？　奇妙な質問だ。

「ときどき話したりしています」

私がそんなふうに答えると、女性社長は少し間を空けて、

「それなら、いいんだ」

と、笑顔を私に向け、デスクワークの続きに取り掛かった。

「繋げ屋」の茶髪女性と一緒に隣の部屋から出てきた、セッションを受けていた女性は、白いブラウスを着た人で、私と同じテーブルに着き、お茶を飲んでいた。

アロマテラピーを教えているという女性が、

「今、聞きたいことがあったら、聞いてみたら？」

そう言って、私の前に座っているその白いブラウスの女性に話を聞くように促した。な

ぜ彼女なのか、そのときの私にはわからなかったが、ふと、聞いてみたい気持ちになった。聞きたいこと……少し考えて、私は自分の適職が何か知りたいと思った。そこで、白いブラウスの女性に、私にはどういう仕事が向いているのか聞いてみた。

白いブラウスの女性は、意識を静かに集中させ、テーブルに視線を落としたまま、こう答えた。

「絶対に就きたくないと感じたり、これだけはしてはいけないと感じることが、その人の適職である場合がある」

私はそれを聞いた後、その場で一言も口を開くことはなかった。なぜなら、私にとって、占いの仕事は、まさに彼女の言う通りだったからだ。占いという仕事を、世間に認められている真っ当な職業でないと決めつけ、日の当たらないものとしてとらえ、就いてはいけないと思っていた。しかし、その一方で、自分の可能性がその仕事の中にあることもうすうす感じてはいた。

この会社ではときどきサロンが催され、宇宙意識と出会った様々な人たちが訪れて交流する場となっていた。最初のころ、私は、この人たちがごく普通に話す宇宙意識や、エネルギーや、地球や宇宙についての話にあきれかえった。当たり前のように話しているみんなの前で、私は立ち上がり、こう言った。

「あなたたち、自分が何を言っているのか、わかっているわけ？　こんな変なことを、本気で信じてるわけじゃないでしょうね。世間の人が聞いたら、なんて思うと思うのよ！」

私は、そう言ってしまってから、初めて気づいた。

私こそが、この宇宙やエネルギーに触れたがっているのだ、と。

誰も私に反論する人はいなかった。きっと、その場にいた人たちも多かれ少なかれ、みんな通って来た道なのだろう。

ナディアは、相変わらず私に占いをやることを勧め続けた。

「なぜ、占いなの？」

〝あなたの良さを生かせるのです〟

「私の良さって、なんなのかしら？」

〝直感です。あなたは直感で人の情報を読みとることに長《た》けています。やってみればわかりますよ〟

ナディアは、いつものようにやさしく私に答えた。しかし、いつもと同じく、私の気持ちは重く沈むのだった。

将来、占いをするから、小学生の私はよく知りもしないタロットカードを買ったのかしらん？

占いで悩みを聞くのに必要だから、私はカウンセラーの学校に通ったというのかしらん？

もし、こうやって、私が子供のころから、将来就く仕事が決まっていたというのなら、それに納得できずに悩む私はバカなのだろうか。

ナディアは言う。

〝すべて、あなたが決めたことなのですよ〟

水の子

台所の流しに溜まった皿を片づけようと、洗いものを始めた。

当時住んでいた建物は、他の建物との隙間に建っていて、部屋は北側だったため、昼でもほんのり暗かった。ただし、窓の傍なら電気を点けなくても、本を読むには十分明るい。うす暗いというよりも、うす明るい台所で、私は水道の蛇口をひねった。蛇口からほとばしる水が無造作に置かれた皿の縁《ふち》に当たり、きれいなアーチをつくっていた。皿を洗いながら、水のアーチに目をやった。すると、ほの明るい流しの中に、薄い水色の透明な球体が現れていた。球体は人差し指と親指で輪をつくったくらいの大きさで、水が大好きであるように感じられた。

水色の球体は、少しのあいだ、流しの中をフワフワ浮いていたが、皿の縁に水が当たってできたアーチで滑り台のように遊び始めた。一度滑り終えると、アーチの上までフワフワやってきて、再び滑るのだ。水色の球体は、ずっとそれを繰り返していた。まるで小さな子が夢中で遊んでいるみたいに。その様子を見ていると、楽しそうな無邪気な笑い声が聞こえて来るようだった。私はその水色の球体を「水の子」と名づけた。

水の子は、暗い部屋の中で、ほんのり明るく光って見えた。

私は、アーチをつくる皿をあえて片づけないで、水の子が遊ぶのを眺めていた。水の子はいつまでも滑り台で遊び続けていた。

「これは、精霊なのかしら？」

じっと感じてみたら、「水の精」だという感じを受けた。

私は水道の蛇口をひねり、水を止めた。頭の中に水道代のことがよぎったのだ。

水を止められた水の子は、シンクの中をきょろきょろと見回し、遊ぶところがないのがわかると、つまらなそうにフワフワと私の方へ寄ってきた。物足りなさそうな様子の水の子に、私は言った。

「ごめんね、もう終わり。また今度ね」

私がそう言うと、水の子は〝うん、わかった！〟というように、シンクをもう一度見回す動きをし、スッーと消えていった。

闇の存在

いつしか私は、常にナディアと共にいることを自覚するようになり、一人でいるときはいつもナディアと話すようになった。ナディアは私にとって、親友であり、両親であり、兄弟という、かけ替えのない存在になっていた。

ナディアとの二人暮らしにすっかり慣れてきたころ、ムーアという宇宙意識が私のサポートに加わった。私のサポートはナディアとムーアの二人になった。

ナディアは、一度も肉体を持って惑星に転生したことがなく、常に高次元にいる存在だったが、新しく加わったムーアは、かつて地球に存在し滅んでしまったムー大陸に転生した経験を持っていた。

ムー大陸では、みんな自分のマークを持っていて、ムーアが使っていたマークは、棒のようなもののまわりにロープ状の何かを入り組ませたものだったという。それは、一人ひとり異なった形をしていたそうだ。

宇宙意識が二つあることに私が慣れるまで、ムーアはムー大陸で使っていたこのマークを話しかける前に見せて、自分がナディアではないことを伝えてきた。二つの意識と話すことに私が慣れ、今話しているのがどちらなのかを気にしなくなると、ムーアもマークを使わなくなった。


私は夜歩くのが大好きだった。陽が落ちて、夜の暗さに街がなじむのを待ってから外に出る。歩きながらの宇宙意識たちとの会話も楽しみの一つだ。

星のきれいな夜だった。散歩を楽しんでいると、なにやら上で問題が起きたようで、ナディアたちは揉《も》めていた。上というのは、地球のずっと上の方、宇宙意識たちのいるところだ。

私はてっきり、ナディアとムーアが兄弟ゲンカでもしているのだと思った。

「ねぇ、どうしたの？　何を話しているの？」

私は、二人に話しかけたが、いつまで待っても返事はなかった。宇宙意識と出会って以来、私の問いかけに答えがなかったことなど、今まで一度もない。何かが起きていた。

相変わらず、揉めるような声が聞こえ続けていた。何を話しているのかはわからなかった。ナディアとムーアの他に誰かがいて、その存在と揉めているようだ。不安になった私は、ナディアを呼んだ。

「ナディア、誰と話しているの？」

これにはすぐに返事があった。

『私を信じなさい』

変なことを言うなぁと、私は思った。私がナディアを信頼していることは、ナディアも知っているはずなのに。その直後、ナディアが言った。

〝耳を貸してはいけません〟

そして、また揉める声。

私は上で何が起きたのか知りたかった。

「何があったの？」

私の問いにすかさず声がした。

『私が神です。私こそがあなたを――』

言いかけたその声をナディアが遮った。

〝聞いてはいけません〟

誰かが来ているのだ。その存在は、ナディアたちとは毛色が違う。ナディアもムーアも、自分たちを神だと称したことはこれまで一度もなかった。

そのナディアでもムーアでもない誰かが、私に話しかけてきた。

『私を信じなさい。私こそが神なのです』

それをさえぎったナディアの、

〝やめなさい〟

という声を最後に、私との交信は途絶えた。後は、テレビ画面の砂嵐のような映像と音がするだけで、いくら呼んでも誰も応えてくれなかった。

それ以来、宇宙意識と交信できない日が続いた。ナディアやムーアがいつも傍にいてくれたから、ずっと私は一人ぼっちを感じることがなかった。どうしてこうなってしまったんだろう。自分を神だと名乗った存在はいったい誰だったのか。

ナディアたちと、少しでいいから話したい。私は上に呼びかけた。

「ナディア、いる?」

砂嵐の映像が見える。シャーという音以外、何も聞こえない。今度はムーアに呼びかけた。

「ねぇ、ムーア、聞こえているんでしょ」

私は耳を澄ましてみたが、やはり砂嵐の音しかしなかった。

「二人とも、どうしちゃったのよ!」

私の人生にある日突然現れて、こんなにも私の信頼を勝ち取って、突然交信を絶つなんて。そんなの認めない。せめて、何があったか説明するべきだ。

私は憤った。私は一人きりの毎日にイライラしていて、泣きそうだった。

その代償のように、台所の蛇口をひねると、ときどき水の子がやって来るようになった。

蛇口から出る水がうれしいのか、シンクの中を、透明な水色の球体が跳ねるように飛び回る。私が洗いものを終えて水道を止めると、もうおしまいなのがわかるのだろう。

〝あ～、たのしかった！〟

とでも言うように、水の子はシンクから飛び出して、スッーと消える。

水の子の登場は、洗いものをするときの楽しみになっていた。

私がほんのちょっと水を出して、すぐに止めたときも、水の子は現れて、水が出るのを待っていた。

ナディアたちと話せなくなり、孤独で寂しくて、優しい気持ちになんてなれなかった私は、そんな水の子に冷たく言った。

「もう、おしまい！」

私は台所を離れ、ベッドの上にふてくされるように座った。

水の子は、つられるように珍しく台所を離れ、部屋の中央まで出て来ると、私をじっと観察していた。私はイライラして、もう一度水の子に言った。

「おしまいなの！」

それでも水の子は、しばらく私をじっと見つづけ、それからスッーと消えた。それが水の子を見た最後だった。それから水の子は、もう二度と私の前には現れなかった。

ナディアたち宇宙意識とコンタクトがとれなくなって、数週間がすぎていた。私はひどくナーバスになり、ナディアたちが私を見捨てたのではないかと心配していた。せめてこうなった理由が知りたかった。

そこで、ときどきサロンに顔を出していたセミナー会社の女性社長に、このことを話してみようと思い立った。

サロンは、以前あった小さな事務所から戸建てに移っていた。以前は外国の人が使っていたという広い家の中は、どのスペースもゆったりとしていた。

「で、今日は何の用事で、ここへ来たのかな？」

いつもの笑顔で、その女性社長は私に聞いてきた。とても大きなテーブルに、私たちは向かい合って座った。私は、これまでの宇宙意識たちとの成り行きを彼女に話した。広いキッチンの一角で、お湯が沸いたことをポットが知らせた。

「ちょっと待ってね。お茶を入れてくるわね」

彼女はキッチンへ消えた。待っているあいだも、私は宇宙意識たちを呼んでみた。返事はなく、砂嵐の音だけが聞こえていた。

彼女は私のために、おいしいハーブティを入れてくれた。一口飲むといい香りがして、ほっとした。お茶の温かさは心にも染みていった。

「地球はとても大切な変革を迎えていて、私たちはそれに向けて、一人ひとりが自分の役割を果たすんだけど、それについて、今あなたはどう思ってる?」

彼女はやさしくこう聞いてきた。なぜ、こんな質問をしてきたんだろうと不思議だったが、自分の気持ちに意識を合わせると、こんな思いが浮上した。

〝地球の変革なんて、失敗すればいい。今回もうまくいかなければいい〟

これはときどき、私の意識にのぼる感覚だった。そのたび、

〝この大事なときにこんなことを思うなんて〟

という思いと、

〝私がこんな考えを持っていることは誰にも言わず、隠し持っていよう〟

という思いが混在していた。

彼女に私の気持ちを話すと、彼女は、

「そうでしょう」

と、ニヤッと笑った。それから真面目な顔で、ナディアたちの話を始めた。

「ナディアさんたちは、別にいなくなったわけでも、あなたに愛想を尽かしたわけでもなくて、あなたのところにちゃんといるのよ。でも、話せないのね。う〜ん、ちょっと待ってて」

彼女は再び席を立った。私は、さっき浮かび上がった、地球の変革に賛成しない自分の気持ちを感じてみた。驚いたことに、その気持ちはもうどこかへ消えていた。話すことで風にさらされ、私に影響を与える力を失ってしまったのだろう。

彼女はリーディングをして戻って来た。

「どうやら、あなたのアンテナを狙って来たようね」

そういえば、以前ナディアから、私は情報を拾うためのアンテナを人より高く伸ばしている、と聞いたことがある。

「狙うって、誰が？」

私は聞きながら、スナイパーに狙われたような妙な気分になった。

「この世界には、光と闇があるでしょ。私たちは、今回は光の方へ向かっているんだけど、当然闇の存在はそれがおもしろくないのよね」

彼女は続けた。

「その闇の存在が邪魔をして、あなたにちょっかいを出しているんだけど、あなたを守るために、ナディアさんたちが宇宙意識と交信する回線を使えなくしたのね」

「それじゃあ、いつまでも話せないのかしら？」

不安な私の言葉に、彼女は言った。

「また話せるようになるのよ。でも、邪魔も入るわ。だけど、決して怖くはないから。あなたが強く拒否すれば、あっちは何もできないのよ」

ナディアたちと話ができない日がしばらく続いたが、ある日、ふと何かを感じ、彼らに話しかけてみた。すると、きらきらと輝くナディアの言葉が聞こえてきた。私はとてもナディアと話がしたかった。

「ナディア、ナディア。元気だったの？　会いたかった。すご〜く会いたかった！」

〝私も、またこうしてあなたと会えて、とてもうれしいです〟

ナディアだ！　間違いなくナディアだ！

ナディアの言葉は、部屋の天井の少し下の辺りに、透明な文字になって見えた。透明な文字は、きらきら輝いてとてもきれいだった。

「ムーアは？　ムーアは来ているの？　ムーア、ムーア！」

〝ここにいます。お久しぶりですね〟

嬉しかった。またずっと一緒にいられると思うとわくわくした。本当に久しぶりだ。何を話そう。すると、ムーアが話しかけてきた。

〝そろそろ……なので……のに…で……〟

「ムーア、聞こえない。ねぇ、何て？　ムーア」

回線が切れたみたいに、また音信が途絶えた。そして、またあの砂嵐なのだった。

それでも、宇宙意識たちと話せる機会は少しずつ増えていった。前のようにクリアな交信ではなく――砂嵐とまではいかないが、映りの悪いテレビのように雑音がひどかった。それでも私は満足していたし、嬉しかった。

このころ、私のサポートがもう二人増え、全部で四つの意識が来るようになっていた。竹之信という存在と、アンという存在だった。私の宇宙意識は大所帯になった。

サポートの数は増えたが、私はまだ、占い師をする気にはなれなかった。

突然グラグラと地震が来た。建物が揺れ、私は動揺した。そのとき、私に話しかける存在がいた。

『今すぐ逃げなさい!』

「え? 逃げる? うん、わかった」

私はとっさにその声に返事をした。本気で逃げようと思った。だがその声は続けて言った。

『私を信じなさい。私が神なのです。信じなさい。今すぐ逃げなさい』

おかしい。私はとっさに聞き返した。

「逃げるって、どこへ？」

そう言った途端、声の存在はポーンといなくなってしまった。地震はすぐ止んだ。冷静になってみると、そんなにひどい揺れではなかった。

あの声は闇の存在だったのだと、私はようやく気づいた。そして、闇の存在といっても、私さえ揺らがなければ何もできないのだとわかった。私は自分の内面の変化を感じていた。

宇宙意識との出会いの目的は、人間の意識を進化させ、魂の成長を加速することだった。もしかしたら、ナディアたちが私の成長を見越して、闇の存在と接触させたのかもしれないとも思った。

宇宙意識は、同じ意識体が複数の人間のサポートをすることがある。そして、ほとんどの人たちが独自の宇宙意識を持つ。地球の人口なんかよりも宇宙意識の数の方が多いのだろう。そのバラエティ豊かなことといったら、チャネリングする人間の成長や役割によって、それぞれに意識体が変わってくるほどだ。肉体を持たない宇宙意識に始まって、次元の高い異星人、惑星の意識、天使や風など、さまざまな意識がある。

また、意識体が名乗る名前が、その意識体の役割を表していることも多い。賢者の音を持つ者や、覚醒を促す音の者、光の輝きを表す音の者など……。数多くの意識体の訪問を受け、地球が大いに賑わったこともあった。

宇宙意識は、サポートする人間の意識の成長によって入れ替わることがある。

ナディアたちも、別のサポートが来ることを伝えてきた。

〝今すぐではないけれど、もうすぐ別の意識と交代します〟

「別の人が来るの？　じゃあ、五人になるのね。楽しみだわ。その人はどんな存在の人かしら」

〝増えるわけではありませんよ。入れ替わるのです〟

「ナディア、まさかお別れなの？」

〝お別れではありませんよ。交代するだけ。今度来る意識も、私たち同様、あなたをサポートしますよ〟

「ナディアたちがいなくなるのは、いつなの？」

私は、ナディアとの別れに耐えられそうもなかった。ナディアたちともっと一緒にいたい。ナディアは、そんな私の気持ちを見抜いたのか、次の意識体との交代時期には触れなかった。

寝る前に、何度もナディアたちを呼んでその存在を確認した。眠っているあいだにいなくなったらどうしようと、いつも心配だった。その度に、ナディアは、

〝ここにいますよ。安心しておやすみなさい〟

と答えるのだった。

朝起きると、私は真っ先にナディアを呼んだ。まだいるのか確かめたかった。ナディアはおかしそうに言った。

〝ここに、ちゃんといますよ〟

昨日はあんなにも動揺したのに、一晩寝て起きると、私の心は、宇宙意識の交代を受け入れようという気持ちに変わっていた。けれど、寂しさは変わらなかった。

Chapter 4

天使

私を宇宙意識と出会わせ、今まで知ることのなかった世界へと誘った男性セラピストが結婚することになった。これは、私には大きなショックだった。恋愛感情ではないけれど、私はセラピストが好きだった。ナディアやムーアにはもちろん何でも話してきたけれど、私はセラピストにもいろんなことを話してきたし、セラピストとクライアントという関係を超えた仲間意識を持っていた。

宇宙意識のムーアは、今は私のサポートに来ているが、私のところに来る前はセラピストのサポートに来ていた。セラピストと話すと、私は遥か昔のムーの時代を思い出す。ムーの時代、私たちは両性具有だった。肉体を持って地球に転生していたムーアの高い意識の元に私たちは集まった。ムーアの転生の目的は、地球にいる魂の浄化だった。

宇宙には、一度も惑星に降りず、肉体を持った経験のない意識体がたくさんいる。一方で、ムーアのように時には惑星に転生し、私たちと同じように肉体を持ち、生きることを選ぶ意識体もある。

けれど、ムーアは私たちのように、この惑星の輪廻転生のサイクルに入ることを選ばなかった。

この宇宙に、どのような形で存在し、関わるかは、意識体の意志に任されていた。

ムーの時代には、長い杖の先に光を集めて照らし、まわりに建てられた巨大な丸いクリスタルの塔に杖の先端を向けると、クリスタル同士の共振と増幅で、小さな光はたちまち莫大なエネルギーに変わっていくのだった。

時が経ち、やがてムーの人たちのいがみ合いが始まる。ムーアの高い意識の影響を受けていたにもかかわらず、私もセラピストもいがみ合いの種を持っていた。やがて、負のエネルギーは、ムーの人たちを津波のように呑み込んでいった。

私たちは今生で再び出会った。前の時代にできなかったことを成功させるために――。

私は、セラピストの恋人や妻になりたいわけではなかった。では、この感情はいったいなんなのだろう。私の心はこう答えた。

〝幻に恋している〟

私は、幻の恋に失恋した。それでも、私の胸はきっちり苦しかった。

鏡の前で、深呼吸しようと息を吸った。息が思うように吸い込めない。胸が苦しかった。

すると、上の方から黄金の輪が降りてきた。輪は、私の頭をくぐると、ゆっくり体を下がり、胸の前で止まって、ものすごいバイブレーションを発した。黄金の輪は、みるみる私の胸の痛みを軽くしていった。

私は床の上に座り、現実逃避するかのように、取り留めのないことをあれこれと思い巡らせた。何かが私のところへやって来ていたが、そのときの私は考えごとに夢中だった。

私の心に、ふわりと、鳥の翼のようなものが一瞬よぎった。何だろう?

私は考えごとをするのを止めて、意識を集中させた。

私の心の中に、誰かがいる。

「誰かいるの?」

私が聞くと、

〝そうだよ〟

と、つまらなそうに返事があった。

「誰なの？　なんていう名前？」

私が聞くと、その存在は、すっかりふてくされた様子で、こう答えた。

〝ガブリエル。天使さ〟

「天使?!」

私の驚きは半端ではなかった。あんぐりと口を開けたまま、私の頭の中では、天使について見聞きしたことや、本で読んだことなどがぐるぐる回った。そして、私は今の今まで、天使の存在を本当には信じていなかったことを理解した。

せっかくガブリエルが訪ねて来たのに、私は考えごとに夢中で気づかなかった。そのことで、この天使は拗《す》ねていた。私は再びガブリエルに聞いてみた。

「ここで、何をしているの？」

〝遊んでいるのさ〟

まだ、この天使はヘソを曲げていた。私は一瞬で、ガブリエルが大好きになってしまった。

天使は人間に近く、感情を持っているというのは本当だった。宇宙意識は、その次元が高すぎて喜怒哀楽がほとんどなく、淡々としている。感情を素直に表現する天使は、宇宙意識とはまるで違っていた。

私の心の中に映像が見え始めた。まるでテレビを見るように、それはフルカラーで鮮明だった。

朝の駅の雑踏の様子が映し出されていた。それを、私はガブリエルと一緒に、上から覗くように見ていた。

大勢の人たちが、整然と駅の階段を昇り降りしている。ロボットみたいにどの顔も無表情で、個性がなかった。

映像が消えると、いつの間にかガブリエルはいなくなっていた。

それから、たまに天使の夢を見るようになった。夢の内容は覚えていないが、天使が二、三人で、楽しそうに笑っている夢だ。夢から覚めると、私はとても幸せな気持ちになる。

夢から覚めて、私は枕元を見た。そこには真っ白な羽根があった。これは天使の羽根だと直感した。

しかし、私の頭の半分は、

「いいや、これは羽毛布団から飛び出した羽根だ」

と決めつけた。それに対して、もう半分の頭では、

「この羽毛布団を使ってきて、いままで一度もこんな大きな羽根が飛び出したことはなかったはずだ」

と反論した。

羽根は、長さが七センチほどのやわらかなものだった。

しばらく経ってから、私は再び天使の夢を見た。夢と現実のあいだで起きたことのようだった。私の寝ている頭のすぐ上を、天使が何度か行き来していたのだ。

「天使の夢を見た！」

私は勢いよく飛び起き、枕元を見た。前に夢を見たときは、ここに羽根が置いてあったからだ。けれど、今回羽根は見当たらない。私は念のため、枕をよけて確かめてみたが、

そこにも羽根はない。それなのに、私の直感は「必ずあるはず」と訴えていた。ベッドに座り、床に目をやると――あった。

前回と同じ大きさの柔らかそうな羽根が、床の上にふわりと落ちていた。

――天使の羽根の物質化現象だ。

ガブリエルとの出会いがなかったら、私は今でもこの現象を信じていなかっただろう。

人は、第三の目と呼ばれる感覚で、肉眼で捉えることのできないものを見ることができる。幽霊や水の子などの精霊など、実体のない存在をその感覚で見るのだ。自分の中の高い意識を使って、宇宙意識と交信するときに見る透明な文字なども、この第三の目を使っているように感じている。

しかし、天使だけは、なぜか第三の目では捉えられない。直接人の心の中にやって来るようだ。天使はとても不思議な存在だった。

過去生

最初に地球に降り立ったとき、私は妖精の姿だった。人間と同じくらいの大きさで、裸の背中には、大きい透明な羽が付いていた。

私は、人間たちの住む町のすぐ傍で暮らしていた。私が妖精だった時代は、人間からも妖精の姿が見え、普通に話すことができた。

あるとき、力の誇示と利益のために、人間は大きなエネルギーを使うと決めた。だが、そんなことをしたら、人類にもこの星にも取り返しのつかないダメージを与えてしまう。私にはその未来が見えていた。

私は来る日も来る日も、計画を撤回するよう、人間を説得して回った。けれど、誰も私の話に耳を貸す者はない。人間にとって、私の話は取るに足りないものだったのだ。それでも私は、まともに取り合ってくれない人々に、計画を止めるように話して回った。

計画が実行されれば、深い森や、清流、色とりどりの木の実や果実、風踊る緑の草原、それらすべてを失うことになる。この惑星は計り知れない痛手を負うのだ。

結局、どんなに説得を続けても計画は変わらなかった。どうしても人々の気持ちを変えることができなかった。私はとうとう説得を諦めてしまった。

そして、その日を迎えた。あっという間に、見渡す限り乾いた大地が広がった。そこでは、生きて動くものを何も見つけることができなかった。

「だから言ったじゃない！　もう、知らない」

私は、自分のつくった繭に閉じこもった。

そのままどれくらい時が流れたのだろう。繭のまわりには植物が生い茂り、恐竜の子供が私を見つけて、繭のまわりをうろうろしていた。恐竜の子は私と遊びたがっていた。

私には、繭の中でうずくまりながら考えて、決めたことがあった。

「次は、人間になろう。人間になって話せばきっと……きっと止められるはず」

望みどおり、私は人間として生まれ変わり、再び争いを止めようと話して回った。

結果は同じだった。人の心はそう簡単には変わらない。私は思った。

「力が欲しい」

次に生まれ変わると、私は権力や財力を手に入れることができた。私が呼びかければ、人々は簡単に私の元に集まり、私の話を熱心に聞いた。私は、争いを止め、憎しみ合うのを止めるように話した。みんなは頷いていたけれど、それは表面だけの、その場限りの同意にすぎなかった。私は自分の力のなさを痛感した。

「どうしたらみんなを説得できるのだろう」

私は更なる力を求めた。

次の生では、黒魔術のような世界に身を置くことになった。力を求めて人間の生き血を飲むこともあった。この生で、人を殺《あや》めることに関心を抱いた私は、次の生で「処刑人」という職に就いた。その後、私は幾度となくこの職に就くことになる。

地球で転生を重ねるうち、私は本来の役割から大きく逸れていった。

人を殺めることを楽しんだ過去生もあるが、罪の意識にさいなまれ、苦しんだ過去生もあった。

どちらにも共通していることは、処刑人が誰なのかを明かしてはならないということだった。

これについては、私の中にある闇の部分が関わっていた。私は、自分の中にある深い闇を見ないようにしてきた。少しでも触れれば、とんでもない過去の歴史が紐解かれるのを知っていた。世間から身分を隠すというより、私の本性を自分自身から隠したいという心理が働いていた。

現世を生きていて、私はときどき、過去生での体験をエネルギーとして引っ張ってきていると感じることがある。

たとえば、バスに乗ったとき、降車場所が近づいているのに、降車を知らせるブザーがどうしても押せないこと。公衆の場で音を出すことに、私は強い恐怖と抵抗を感じるのだ。一人暮らしをしたときにも、どうしても部屋に電話を取り付けることができなくて悩んだ。電話が鳴るのが恐ろしいのだ。家族と住んでいたときは微塵もそんなふうに感じたことがなかったのに、私一人の部屋で、私に向かって音が鳴るのが耐えられなかった。近くで不意に音がしたときには、心臓が飛び出すほどのショックと動揺を感じていた。

「どうしよう、私がここにいることがバレてしまう」

どうしてそう感じるのか、その原因がわかるにつれて、症状は治まっていった。影響していた私の過去生は、以下のようだった。

……私は若い青年で、軍隊の収容所で働いている。ここでは時折処刑が行われていた。音が処刑の合図になっていて、青年はその合図の音が怖かった。

青年は処刑をする側であって、この仕事が嫌でたまらないのだが、軍の決まりに逆らうこともできない……。

この過去生を知ってから、それまでの症状が劇的に改善した。私の部屋には電話が引かれ、バスでは堂々と降車ブザーが押せるようになった。

宇宙意識の姿

宇宙意識は、この世はもっと楽で豊かなところだと言う。

私の気分は、現実の出来事に左右され、簡単に揺れ動いていた。その度に、ナディアは私を励まし、時には笑わせ、優しく根気強く「生き方」を教えてくれた。

覚醒への階段はとても長く、ときどき終わりがないように感じることがあった。過去生を知り、様々な自分と出会っていく中で、あるとき、ものすごく落ち込んだことがあった。もう一度頑張ろうという気持ちが再び湧くことなどないと思うほどだった。

そんな気持ちのまま夕暮れが迫り、部屋が徐々に薄暗く、ほんのりオレンジ色に染まったとき、電源の入っていないテレビの画面いっぱいに丸い色が現れ、くるくると円を描いて回り始めた。円は、青、緑、紫の三色が入れ替わりながら、まるでレーダーのように回転していた。

〝宇宙意識〟

そう思った。これは宇宙意識の姿だ。

言葉ではない、宇宙の励ましを、私は心の深いところで受け止めた。

黄昏《たそがれ》どきの不思議な時間に、私は宇宙意識の姿を垣間見たのだった。

宇宙意識の交代

以前から伝えられていた、宇宙意識の交代のときが来た。ナディアは、私が交代を十分受け入れられるようになるのを待っていた。私は前のように感情的になることもなく、自分でもあっけないほど簡単に宇宙意識の交代を了承した。

「ナディアは、私から離れたあと、どこへ行くの？」

私の質問に、ナディアは答えなかった。かわりにこう言った。

〝愛しています〟

それはもうよくわかっている。今では、ナディアとの別れの寂しさよりも、覚醒への階段を共に歩いた信頼の気持ちが勝っていた。私は、宇宙意識一人ひとりと言葉を交わした。

「ナディア、ムーア、竹之信、アン、今まで導いてくれてありがとう。元気でね。さようなら」

〝あなたも元気で。さようなら〟

宇宙意識たちが去るのを感じた。呼びかけても、もうナディアが応えることはない。

私は彼らが本当に去ったことを実感し、どこを見つめるわけでもなく、何を考えるわけでもなく、床の上にただ座っていた。次の宇宙意識が誰になるのかなど、まったく興味がなかった。私の元へ誰かが来ても来なくても、どちらでもいいのだ。ナディアにべったりだった私の意識は変わっていた。

宇宙意識の交代は、サポートを受ける人間のステージが上がったことを意味している。いうなれば、宇宙幼稚園に通っていた私が、宇宙小学校へ入学することになったようなものだ。次の宇宙意識がまだ来ていない今は、春休みといったところだろうか。

数週間がすぎ、春休みに終わりが来た。新しい宇宙意識が現れたのだ。

「何という名前の方ですか？」

私の問いに、新しく来た存在は答えた。

〝あとで伝えます。今はまだ知らずにいてください〟

私に新しいサポートが来たことを知ったセラピストは、

「自分のエネルギーと、新しいサポートのエネルギーを、一度きちんと深めた方がいい」

と、セッションを受けることを勧めた。

私は、新しく来た宇宙意識に何度か名前を聞いたが、答えはいつも同じだった。

〝セッションのときにわかります〟


セラピストが澄んだ声で誘導を始めた。リクライニング・チェアに横になり、目を閉じると、私は明らかにナディアとは違う存在のエネルギーを感じた。セッションルームの窓枠や、壁や天井や床が、ミシッ、ミシッと軋んだ。

セラピストがその存在に話しかけた。

「どなたがいらしてくださったのでしょうか？」

まだ、完全にエネルギーが融合していなかったようだ。私の口は何も語らなかった。

セラピストは、

「さらにエネルギーが一体となり、深まるように音を出します」

そう言って、宇宙の言葉で歌を歌った。その歌のエネルギーが私の意識を奥深くへと誘い、宇宙意識のいる場所へと連れていくのだ。

再びセラピストが聞いた。

「お名前を教えていただけますか?」

すると、私の脳裏にはっきりと文字が浮かび上がった。

――ヤーウエット・ヤハウェ。

これは、セラピストの宇宙意識と同じ名前だった。私はこの名前にひどい拒絶感を感じた。けれどもこの存在は、私に何度も何度も、同じ名前を伝えてくるのだ。

ヤーウェット・ヤハウェ。これが私の新しい宇宙意識の名前だった。

私はキリスト教徒ではなかったし、幻の恋をした人の宇宙意識と同じ名前だというのがなんだか嫌だった。

「他の名前がよかったのに」

そんなことをぼんやり考えていると、誰かが私に話しかけてくるのがわかった。

『何でも、好きな名前に変えてあげますよ。どんな名前がいいですか？』

「ほんと？　うれしい！　ほんとに変えてくれるの？」

私が聞くと、

『ええ、本当ですとも。何という名前がいいですか？』

私は真剣に、何にしようか考えた。声は続けた。

『キリストはどうですか？　イエスはどうですか？　サナンダーというのはどうですか？』

私はハッとし、とっさに叫んだ。

「誰も知らない名前がいい！」

その瞬間、その存在はポーンとどこかへ飛んで消えてしまった。

今のは闇の存在だったのだ。私は苦笑いした。

決める

ナディアが言っていた占いの仕事を、私はようやく、やると決めた。

すると、次の日すぐに店を出す話が来た。決めると人生は動き出す。

とはいえ、いきなり店を出すなんて大それている。

それなのに、ヤーウェットは、

〝やれます。大丈夫です〟

の一点張りで、譲らなかった。そうこうするうちに、店の準備は着々と進んでいった。

それまでの私は、世間の常識の中で安全に暮らしてきた。だが、今や私は、やれるかどうかもわからない、確かなことが何もない場所へ飛び込もうとしている。しかも、そうするように勧めた相手は人間ではないのだ。

私はその瞬間、自分の意志で清水の舞台に上がったのを感じた。怖さとやる気が混在する中、慣れ親しんだ限られた世間の舞台から、まだ見ぬ自分の可能性と新しい地球に向かって、真っ暗な何も見えない谷底へ、私は飛び降りた。

店は初日を迎えた。

膝が震える中で、クライアントの話を聞きながらタロットカードを混ぜ合わせていると、上からバラバラと情報が降って来た。後から後から、目の前のクライアントに関する情報が大量に落ちてきたのだ。私は、宇宙のエネルギーが自分の中を流れていくのを、ただ許すだけでよかった。私の仕事は、得た情報を正確に伝えることだった。

私は生まれて初めて、仕事にやりがいと生き甲斐を感じ、喜びで溢れた。

こんなことなら、おかしな抵抗をせず、もっと早くにこの仕事をやればよかったと、遅まきながら思った。宇宙意識が最初にこの仕事をやるように伝えてきてから、一年半が経っていた。

店に向かう電車の中で、ある神社の広告が気になった。その日は、店にいると、自分をぐいっと引っ張る、そんなエネルギーが来ていた。あの神社からのエネルギーだと直感した。どうしても午後五時まで店を開けておきたかったので、五時になるまで神社には行けないことを伝えた。そして、五時になると急いで店を閉め、神社へ向かった。

その神社は、夜は門を閉めてしまうために境内には入れなかったが、私が神社の前に立つと、あの引っ張るようなエネルギーは急速に私から離れていった。

私はここの神様に、

「よろしくお願いします」

と、あいさつをした。

Chapter

5

パートナー

店を始めて三ヶ月が経ったころ、友人にインドのツアーに誘われた。

しかし、旅行の前日から友人は熱を出し、旅行をキャンセルした。結局、インドには私だけが行くことになった。

ヤーウェットに、

「どうして私はインドへ行くことにしたのかしら?」

と訪ねると、ヤーウェットはこんなことを言った。

〝パートナーとの出会いがありますよ〟

旅行の日、飛行機で、自分の座席の隣に男性が座っていた。その人を見た瞬間、私は直感した。

「この人だ、間違いない!」

よく、運命の人と出会うと銅鑼《どら》が鳴るとか、ベルや鈴が鳴るとかいう話がある。私の場合、銅鑼やベルこそ鳴らなかったが、そう表現する理由がよくわかった。私のまわりの何かが振動していた。まるで音が鳴っているかのようだった。

私は座席に着くと、飛行機の小さな窓から空に向かって、心の中で宇宙意識に何度もたずねた。

「この人？　パートナーって、この人？」

ヤーウェットは何度も答えた。

〝そうだよ、そうだよ〟

そんなふうにして、インド旅行で知り合った彼と付き合っていくうち、私と彼の孤独の質がとてもよく似ていることがわかった。すると、まるでバターが溶けるかのように、私の中の孤独が溶けていった。彼は、もう一人の私だった。私がずっと捜し求めていた、遠い昔に別れてしまった半身だった。彼といると、私は深い安堵を感じた。

彼とすごしていたとき、自分がとても穏やかな気分になっているのに気づいた。

その気分のまま部屋の天井を見ると、そこには、楕円形をしたエネルギー体が浮かんでいた。それは、「穏やか」のエネルギーだった。「穏やか」のエネルギーが来たから私が穏やかな気分になったのか、それとも、私が穏やかだったから「穏やか」のエネルギーが来たのかはわからない。

心の芯から、春の日だまりのような、そんな穏やかさが溢れていた。目を閉じると、過去も未来も関係のない、何のしがらみもない、そんな空間へ漂っていくようだった。

彼と出会って一年が経ったころ、私はカレーをつくろうと、鍋に材料を入れて煮込んでいた。ある程度野菜に火が通ったので、臭い消しと香りづけのために鍋に入れてあった二枚の月桂樹の葉を取り出した。月桂樹の葉は流しに放り込み、そのままにしてその場を離れた。

少し経って台所に戻って来てみると、流しの中に無造作に散らばっていたはずの二枚の月桂樹の葉がなくなっていた。水を流した覚えはないが、排水口のバスケットの中を探してみた。どこにも葉は見当たらない。捨てた覚えもなかったが、念のためゴミ箱の中も探してみた。当然、そんなところにあるはずもない。

突然ビジョンが見えた。二枚の月桂樹の葉が、くるくる絡み合うように回転しながら宇宙空間を飛んでいる映像だ。その二枚の月桂樹の葉は、彼と私なのだと直感した。宇宙が、私たちのことを祝福してくれているのだ。

結婚

五月のある朝早く、私がまだ眠っていると、彼から電話がかかってきた。彼の父が亡くなったから、故郷の実家へ帰るという。

「気をつけて行ってらっしゃい」

そう告げて、私は受話器を置いた。

私は一人暮らしで、その日は特にすることがなく、ベッドの上でぼーっとしていた。しばらくすると、部屋の中に人がぞろぞろ入ってくる気配がした。私は意識を集中させて、何が起きたのかを探ってみた。ものすごい数の人が部屋にやってきているのがわかった。そして、そのおびただしい数の人たちは、彼の先祖なのだということもわかった。

「彼の先祖が、ここに何しに来ているの?」

私が聞くと、

〝あなたを調べに来たのです〟

と、答えが返ってきた。

私は急に緊張してきて、ベッドの上にきちんと座り直した。

彼の先祖は、私の部屋の入り口から入って来て、私の前を通りすぎ、窓から出て行った。私の部屋は常に超満員だった。ふと、子供のころに、上野の動物園にパンダを見に行ったのを思い出した。パンダの檻の前は長蛇の列ができていて、

「立ち止まらないで歩いてください。前に進んでください」

というメガホンの声を聞きながら、白黒の動物を眺めたものだ。ちょうど今の私のようではないか。それこそパンダさながらだ。

そんな状態が一時間も続いただろうか。ようやく人の気配が減り始め、まばらになって

くると、私の緊張も徐々に解けていった。私はようよう口を開き、誰に問うわけでもなく聞いた。

「それで、どうなったの?」

すぐに返事があった。

〝輿入《こしい》れが決まった〟

「結婚?」

あまりに驚いたのと、普段使わない言葉だったので、念のために辞書を引いて確かめてみた。辞書にも、輿入れは結婚のことと書いてある。私が彼と結婚することには少しも驚かないが、その決め方に驚いた。

昔から、結婚は家と家との結びつきというが、あれは、昔の家柄のことを言っているのだと思っていた。現代では、本人同士の気持ち次第でしかないと考えていたが、そうではないのだ。

彼の先祖は、私の持っている遺伝子を調べに来ていた。遺伝子には、先祖一人ひとりの生きた証しが詰まっている。彼の先祖の了承なしに、私たちの結婚はあり得ないのだろう。

私の先祖も、彼の査定に出掛けているのかもしれない。

先祖たちがここまで大切に思う遺伝子を、私が次代に引き継ぐことを栄誉に思った。遺伝子が宝物のように感じた。


結婚してすぐに、私たちは出雲へ旅行に行った。

車中から空を見上げると、二人の天使が浮かんでいるのが見えた。天使は、体がなくて、二人の顔のすぐ下に翼が生えていた。天使の顔は二つあるのに、翼は一対だけだった。幼い子供の顔をした愛くるしい天使の目は、どこか焦点が合っておらず、この世界ではない、別の次元を見ているようだった。

出雲は神様が集まる場所だという。車で宍道湖《しんじ》に架かる橋を渡っていたとき、何とも言えない柔らかでゆったりとした優しい波動が押し寄せた。神の息吹のように感じた。

車窓から見える、広がる湖を見ながら、

「何て豊かなところだろう」

そう思った。

空港へ向かう途中、夕暮れの空に、馬を引いた男の人が夕日の方角を指差して立っているのが見えた。その人の出で立ちは、因幡《いなば》の白兎の話に出てくる登場人物そのままで、両耳の前辺りで髪を結い、着物の胸には勾玉《まがたま》の首飾りをしていた。

どうして西を指差していたのか、何を伝えたかったのか、感じてみた。

西は陽の沈む方向、夜へと続く場所、見えない世界。

今まで陽の当たらなかった精神世界、そこへ行くことになると、伝えてきたのだった。


結婚届けを役所へ出しに行って数日後、私は部屋の中で仁王立ちになっていた。

私の肩に分厚く乗っている、生まれたときからずっと背負っていた「一族たるものこうあるべき」というような一族の暗黙の了解が、ドサリと音を立てて後ろに落ちたのだった。落ちて初めて、自分がどれほどのものを背負っていたのかを知った。驚くべき重さだった。

それは、今までの姓から新しい姓に霊的に変わった瞬間だった。

彼の一族には、変な言い方だが、どこの馬の骨でも構わないという、懐の広い軽やかさと開かれた自由があった。これは私の一族にはないものだ。私はこの結婚に心からわくわくした。

山の自然霊

二人の新居は、新興住宅地にある社宅で、なにやら大変暗い土地だった。私たちはそこに住むことになった。

引っ越した当初から、不可解なことがたくさん起きた。中でも印象深かったのは、押入れから漂う陰鬱な空気だ。私は、押入れを開けようかどうしようか悩んだ末、ここに住むのに開けないわけにはいかないと、思い切って開けてみた。

押入れの下段に、着物を着たおかっぱの子が座っていた。その子の顔を見ようと覗き込んでみると、顔が毛むくじゃらだった。狸の顔だ。その子は山に住んでいた自然霊で、開拓によって住処《すみか》をなくしてしまっていた。

私は何も言えずに押入れを閉めたが、相変わらず押入れからは陰気さが漂ってくる。考えた末、再び押入れを開けると、狸の顔をした子に私は言った。

「悪いけど、ここから出て行ってくれる？」

『どこに行けばいいって言うの？』

そう言われて、私は言葉を失った。私の言ったことは、人間側の身勝手だった。私はそのまま押入れを閉めた。
二、三日して、押入れから漂っていた陰気な感じが消えた。押入れを開けてみると、あの毛むくじゃらの顔の子はいなかった。
私は心の中で、ごめん、とつぶやいた。

赤ちゃん

やがて子供が生まれた。私は、結婚したときから、喉から手が出るほど——実際、喉からというより、口から見えない手が出ていたほどに「遺伝子」を残したかった。

子供が生まれた家の中は、夜中の授乳が憂鬱になるほど見えない人の気配に溢れた。様々な縁のある人たちが、子孫の誕生に駆けつけていた。

来てくれたのは人間ばかりではない。椅子に座っていると、バサッと音がして、私の首筋に翼が触れた。鳥が入って来たのかと振り向いたが、何もいない。窓は閉まっていた。

今思えば、それはガブリエルだったのかもしれないが、そのときの私は出産と育児の疲れでかなり消耗していて、誰が来ていたのかを感じることもしなかった。さぞかし、ガブリエルはヘソを曲げたことだろう。

新生児というのは、感覚が冴えわたっているらしい。

私は貧血で、よくフラフラしていた。赤ちゃんのおむつを替えて立ち上がろうとしたときにフラついて、赤ちゃんが寝ている布団の上に足を踏み込んでしまったことがあった。

「まずい！　赤ちゃんの足が……」

私はあわてて布団をめくった。赤ちゃんの足は私の足をきちんと避けていた。

このときは偶然だと思っていたが、私が何度よろけても赤ちゃんの手足は無事だった。

よろける私も私だが、信じがたいことに、赤ちゃんは危険が起こる前にそれを察知して、余裕でかわしているようだった。

夫が赤ちゃんのおむつを替えた後、立ち上がりかけてよろめき、赤ちゃんの布団の上に足を着いてしまったことがある。そのときも、夫が立ち上がりかけてすぐに、赤ちゃんは自分の足を移動させていた。そこに夫の足が踏み込んだのだが、赤ちゃんが自分で足を移動させていなかったら、間違いなく夫に踏まれていただろう。

私はこの現場を見たとき、

「やっぱり！」

と思った。

笑いもしない新生児は、どこか大人びて、悟っているようにすら見えた。

次第に体重が増えて、丸々としてくると同時に、あの研ぎ澄まされた感覚は消えていった。

私が赤ちゃんをベビーチェアに乗せて立ち上がろうとしたとき、よろけて、赤ちゃんのお腹の上に手をつき、そこに体重をかけてしまったことがある。

瞬間、私の脳裏に、

「内臓破裂！　肋骨骨折！」

そんな言葉が浮かんだ。

「どうしよう」

そう思う反面、私の人生でそんな事故が起きるはずはない、という強い思いもあった。

私は、自分の掌の感触を感じてみた。確かに赤ちゃんのお腹の上に手をついているのに、掌の感触は、ベビーチェアを触っているようだった。

何が起きているのか確かめようと、私は恐る恐る赤ちゃんを見た。

なんと、私の手が当たっているところの赤ちゃんのお腹が、透けているではないか。私が手をどけると、赤ちゃんのお腹は元に戻っていった。

そうだ！　私は知っていた。

〝体は幻〟

この言葉は、私の中にいっそう深く刻まれることになった。

神社

新年のお参りをするために神社へ行った。

この辺りは新興住宅地で、新しくつくられた神社はあっても、神様は不在だったりして、どこの神社へ行ってもいいというわけにはいかない。とはいっても、特に私の信仰心が篤《あつ》いわけでもない。私は観光気分で電車に乗り、名の知られた大きな神社へ行ってみた。

そこでは、神社へと続く参道の大きな銀杏並木がすばらしかった。

社《やしろ》に向かって手を合わせ、自分と家族の健康を祈った。

そのとき、私の中にいたずら心が起きた。私の願いがどうなるのか、行方を知りたくなり、私は意識を集中させ、願いごとの後を追った。

私の願いは、右回りで社へと入っていった。そこには、願《がん》を掛けに来た大勢の人たちの膨大な願いごとが、まるで大河のように存在していた。私の願いは、膨大な大河の端に、小さな点となり、ちょこんとくっついた。

これほど信仰のある神なのだから、さぞかし敬われているのだろうと、またまたいたずら心が出た。私は手を合わせ、この神様の幸せを祈った。そして、さっきのように、その願いごとの後を追って行った。

願いは、左回りで社の方へ飛んで行った。だが、そこはガラガラで、中途半端なお願いが七つほど、途中で引っかかっているだけだった。私の願いごとは神様のところへストンと入っていった。なんだかひどく寂しいものを観てしまった気がした。

シヴァ神

ときどき私が顔を出す女性社長のサロンで、私はある人と話をしていた。その人はキッチンの出入り口に立っていた。私はそのとき、なんともいえない怖さのようなものを、その人から感じていた。

畏怖の感覚はなかなか消えず、とうとう私はその人の姿も見られなくなり、テーブルに視線を落とさざるをえなかった。

会話が途切れたとき、ふと顔を上げてみると、今までその人がいた場所には、全く違う「存在」が現れていた。

その存在は、人の姿はしているものの、たとえようもないほど恐ろしく美しい顔で私を見つめていた。きらびやかな衣装を身にまとい、目はこめかみ辺りまでつり上がり、口は耳元近くまで裂けたように開いていた。

「なんて恐ろしい」

その存在は、人間界のあらゆるレベルを超越して、はるか彼方に在る、そんな方だった。その方を表現する言葉を私は知らなかった。神々《こうごう》しいという表現は、結局は人間を表す言葉にすぎないのだと知った。

私は、何もできずに、ただただ見つめ返すしかなかった。

やがてその方が去り、元の人間の姿になった。

その人の苗字には、「しば」という字が入っていた。あの方は「シヴァ神」だったのだろうか。

狸

真夜中に、寝室の天井を何かが飛び回った。寝ていたはずの赤ちゃんが、いつの間にか目を覚ましていて、奇声をあげて大喜びした。

よく見ると、狸の頭が飛んでいた。このあたりはなんて狸が多いのだろう。

天井をぐるりと飛ぶと、狸の頭は外へ出て行った。狸が行ってしまうと赤ちゃんは静かになり、また眠ってしまった。頭だけの狸は、ちょっと遊びに来たのだろう。

どうして頭だけだったのかはわからない。その方が飛びやすいのだろうか。

妖精

赤ちゃんが生まれてから初めての桜の季節になった。

私は子供をベビーカーに乗せ、家の近所へ桜を見に行った。桜の木の下に立つと、花びらがひらひら舞い落ちてくる。私は、子供にどうしても花びらを見せたくて、落ちてくる花びらを受け止めようと、手を前に差し出した。すると、一枚の花びらが、まるで意思があるかのように真っ直ぐ落ちてきて、掌の真ん中にふわりと乗った。

私は、掌の花びらを、ベビーカーに乗っている子供の顔の前に持っていった。それを見たとたん、子供が「ぎゃーぎゃー、ぎゃぎゃー」と騒ぎだした。

あんまり騒ぐので、私は掌の花びらを自分でも見てみた。

すると、半透明の薄いピンク色の小さな球体が、花びらから浮かび上がった。球体は、伸びをするかのように上がっていき、スッーと消えた。それと同時に、あんなに騒いでいた子供が静かになった。この子は桜の妖精を見て騒いでいたのだ。

精霊は、見る人によって見える姿が異なるという。私には半透明のピンクの球体に見えたが、この子にはどんな姿が見えていたのだろうか。

桜が咲くと、あのときの桜の精にもう一度会えないかと、ひらひらと舞う花びらを手に乗せようとしてみるのだが、あんな風に、花びらが自ら私の手の中に落ちてくるようなことはもうない。

占いの店に来ていたお客さんにも妖精を見る人がいたが、その人は、妖精を見るとき、まわりの景色がストップモーションのようになり、目の前を妖精が踊りながら通っていくのだと言った。

その人は、皿に盛った苺の話もしてくれた。苺が皿からゴロリと転げるので、よく見ると、妖精が苺を運んでいたそうだ。苺は妖精と一緒に消えてしまったらしい。

我が家でもときどき皿から苺が転がることがある。そんなとき、妖精のかじった歯形が付いていないか調べたりして楽しんでいる。

蜻蛉《とんぼ》

日常の何気ないひとときに、こんなこともあった。

私がベランダに出ると、

〝何かが向こうからやってくる〟

という感覚があった。目を凝らすと、向こうから「やってくるもの」の波動がどんどん近づいて来るのがわかった。どうも精霊らしい。いったい何の精霊がやってきたのか、どんどんこっちに近づいてくるうちに、期待でいっぱいになった。

やがて現れたのは、とんぼだった。

「え？　とんぼ!?」

私はもっと精霊らしい姿をした者に会えると思っていたのだが、拍子抜けした。

とんぼはとても小さく、青い色をしていて、どこからどう見ても精霊の波動をしていた。

とんぼは、最初ベランダの柵に止まり、鉢植えに止まった。この日は小雨が降っていたので、雨宿りだったのかもしれない。

とんぼは一時間ほどベランダにいて、やがてどこかへ飛んで行った。

部屋に戻り、何気なくテレビをつけた。奈良にあるという滝が映っていた。

ナレーションは言った。

「この滝の名前は、『蜻蛉の滝』と書いて、『せいれいの滝』と読むのです」

Chapter 6

ＵＦＯ

子供が話をするようになった。

「あれなあに？」

空を指差して聞く。私も空を見上げるが、雲が浮かんでいるだけだ。

「何が見えてるの？」

と聞くと、子供は、

「白いパタパタ」

と答える。どうも、白くてパタパタしているのが空にいるらしい。

別の日にも、やはり空に丸い銀色のものがあるという。あれはなあに？　と聞かれるのだけれど、私には何も見えなかった。

社宅の敷地内の駐車場には、雨上がりに大きな水たまりができる。そこにアメンボが来たり、子供たちが面白がって、水しぶきを上げながら自転車で走り抜けたりして遊んでいる。

水たまりの水面に景色が映っていた。その水たまりの中の青い空に、銀色の丸いものが飛んでいる。

「ＵＦＯだ！」

とっさに空を見上げたが、実際の空にはＵＦＯらしきものは見えない。水面に目を落とすと、水面に映った空をＵＦＯが飛んでいた。空を見上げても何もいない。再び水面を見ると、水たまりの空に、銀色に輝くＵＦＯがゆっくりと飛んでいた。

日がすっかり落ちた空に、大きなダイヤモンドのように輝く物体が、不規則な動きをしながら飛ぶのを見たことがある。

あまりの輝きに、感動すら覚える美しさだった。私は、他にも誰か気がつかないかと周囲を見渡した。ちょうど帰宅時間で、道を大勢の人が往来していたが、誰も空を見上げないし、誰も立ち止まらなかった。

一人暮らしをしていたとき、私は川の近くに住んでいた。天気のいい祝日に、河原を歩きたくなって散歩に出た。土手には人がたくさんいて、よそ見をしながら歩くとぶつかりそうだった。ジョギングをする人、ウォーキング、サイクリング、犬の散歩、芝生でお弁当を広げる人、座って話し込む人、サッカーや野球をしている人、みんなそれぞれの時間をすごしていた。

歩いていると、空に淡いオレンジの光が浮かんでいるのに気づいた。そのオレンジの光を気にしながら、私は人とぶつからないように気を配った。その光は、他の惑星から地球に地質調査に来ているのだとわかった。

私はいつしか歩くのを止め、立ち止まって、不思議なオレンジの光を見続けた。他に誰か空に浮かぶオレンジの光に気づいていないかと、きょろきょろしてみたが、気づいている人はいそうになかった。

オレンジの光は、最初は一つだったが、途中から二つに増えた。どうやら仕事の引き継

ぎをしているようだ。引き継ぎの内容はわからなかったが、最後に彼らが、

〝あの女の人が気づいて、こちらを見ている〟

と言ったのがわかった。

私のことを言っている……。私がそう思ったことは、オレンジの光の中にいる人たちに伝わったようだった。引き継ぎは少しのあいだ中断し、私に関する情報を調べているように感じた。

オレンジの光は、最初に飛んでいた方が消えて、後から現れた方が空中にとどまった。私はオレンジの光を気にしながら、来た道を引き返し始めた。そのとき、オレンジの光からサーチライトが二回照らされた。二度目の光はとても強烈で、明るかった。

その光には、〝やぁ〟という、挨拶のテレパシーが乗っていた。

あのオレンジの光には人が乗っていて、この地球を助けに来ているのだ。私は、オレンジの光に乗っている人たちを兄弟のように感じた。彼らは、地球が迎えている変革を手助けしている。私は、空の兄弟の存在を心強く感じた。

私が一番たくさんのＵＦＯを見たのは、アリゾナのセドナだ。

セドナに行く前は、セドナの空にはいつでもＵＦＯが飛んでいるものだと思っていたが、到着してみると、どこにもＵＦＯの姿はなかった。

「なあ〜んだ」

少しがっかりした。

けれども、空に浮かぶ雲は変わった形をしていた。セドナの波動でつくられた雲だった。日本で見る雲とは違っていた。

宿泊するホテルは、ボイントンキャニオンのすぐ横に建てられていた。コテージ風の部屋で、一部屋ずつが戸建てになっていた。ホテルで夕食を済ませて部屋に戻ると、特にすることもなく、私はベランダに出て外の景色を楽しむことにした。目の前のボイントンキャニオンは、真っ黒なシルエットに変わっていた。そこは標高が高く、空気が澄んでいて、星がとても綺麗だった。

幾つもの星が瞬く中に、どうしても目が行ってしまう星があった。他の星を見ようと視線を動かしても、やっぱりその星に目が行ってしまう。まるで磁力でもあるかのように、私はその星に見入っていた。

どれくらい眺めていただろう。私の人生の中で、これほど長い時間、一つの星を眺め続けたことはなかった。

ある瞬間、星がゆっくりとこちらを振り向いた。私はその星と目が合った。すると、星はゆっくりとほんの数ミリ動いた。

最初は気のせいかと思ったが、少しすると、星はまたほんのすこし動いた。

そのうち、部屋で荷物整理をしていたルームメイトがベランダへやってきて、二人でこの動く星を眺めた。

ずっと星だと思っていたのは、星ではなかった。ＵＦＯだったのだ。

次の日の昼間はＵＦＯを全く見かけなかったが、夜になって空を見上げると、細長い円柱状のＵＦＯが回転しながら停泊していた。それをその場にいたみんなで見た。他の人と一緒にＵＦＯを見たのは、このときが初めてだった。

このＵＦＯの目撃を皮切りに、セドナ滞在中、何十機ものＵＦＯを見ることになった。

いろんなタイプのＵＦＯが飛んでいたが、一番綺麗だったのが、機体の両側をとりどりの色が流れるように変わっていくタイプだった。テレビで見た深海の生物に似ていた。そのＵＦＯが飛んでいると、まるで深海を見ているような気がしてくるのだった。

潜在意識

セドナは、自分の潜在意識が透けて見えるところなのだろう。

私は今まで、ＵＦＯを見たり異星人に会ったりしてきた経験があるから、セドナでも異星人を見かけたり出会ったりするのではないかと思っていた。

ところが、ホテルの敷地を歩いているときに、突然、自分の心の深いところが見えた。そこにあったのは、強烈に異星人を拒否している自分の気持ちだった。私はひどく驚いた。

〝こんな気持ちを持っていたのか！　こんなの持っていたんじゃ、異星人に遭遇することは、まずないなぁ……〟

私は、安心したようながっかりしたような、複雑な気持ちだった。

夜にベルロックに行ったときにも、潜在意識を垣間見た。地面がでこぼこしていたので、懐中電灯で足元を照らしながら歩いていた。地面が比較的平らなのを確認してから、私はそこに右足を置いた。そのとき、右足首に違和感を覚えた。

捻挫だ！　と思った瞬間、目の前に膨大な量の選択肢が広がった。捻挫をしたと思ったが気のせいだった、というものから、救急車で病院に運ばれて即手術、というものまで、ありとあらゆるパターンの選択肢があった。私は、それらの中から、自由に好きな状況が選べるのだ。

まだ旅行を楽しみたかったから、自分だけ帰国するとか、入院するというのは嫌だった。泊まっているホテルの敷地が広いため、歩けないと不便なので、自力で歩ける方がよかった。

考えた末、私は、人から「大丈夫？」と気遣ってほしかったので、

『ほんの少しだけ痛む』

を選ぶことにした。すると、私の足首は本当にほんの少しだけ痛むのだった。

そのときにわかったのだが、今までの怪我は、かすり傷も含めて、すべて潜在意識が選

択していたのだ。

私たちの怪我のからくりは、驚きそのものだ。九死に一生を得るなどという話があるが、それを潜在意識がやっているなどとは知らずに、

「この高さから落ちて無傷なんて、きっと神様やご先祖が守ってくれたに違いない」

などと言ったりしている。

じつは、自分自身が無意識に選んでいたのだ。

潜在意識は、私たちの意思を離れて、勝手に現実を選択してしまっている――そう感じることが多い。なぜこんな風になってしまったのだろう。

潜在意識は、もともと顕在意識と一つで、私たちに有利な現実を創造するはずなのだが、とても多くの人が、思うようにならない現実に悩んでいる。今の私たちは、潜在意識に振り回されているような感じがしてならない。潜在意識の古いプログラムを使わないと決めるのは、私たち一人ひとりの意識なのだ。

波動

地球は眠りの星だ。遠い昔、魂たちがやってきてこの星を見つけたとき、この星には、他の星にはない深い眠りと、自信のなさ、力のなさ、迷いがあった。

高次元の完璧な魂たちには、この星は鮮烈だった。次々に、この星の存在を知った魂たちが訪れ、魅力溢れる地球に降りて行った。

この星の眠りを余すことなく享受するため、様々な試みがなされていった。

まず、この星の特徴であった両極性を生かして、クリアな意識を顕在意識と潜在意識に分け、潜在意識をプログラミングしていった。その目的は、この宇宙でまだ一度も行われたことがないほどの深さで意識を眠らせることだった。万が一途中で目が覚めそうになっても、随所に恐怖を配置することで、高次元の自分の魂を思い出さず、再び深く眠れるように万全の策がとられた。

こうして、この星に眠りのスパイラルが完成した。

私たちは、地球での眠りに興じた。地球が宇宙の一部であったことも思い出さなくなった。私たちはとてつもなく永い眠りの幕を開けたのだ。

このときはまだ誰も、地球の深い眠りが、いつまで経っても次元上昇をもたらさず、宇宙の時空に歪みを生むことになり、それが宇宙全体に深刻な影響をもたらすようになるとは予想できずにいた。

気が遠くなるような時間がすぎた。

我を忘れて眠っていた魂たちは、あらゆる方法で絶え間なく送られてくる宇宙からの目覚めの声に耳を傾け始めた。そして、眠ることに飽きた魂から順番に、スパイラルを出る決心をしたのだった。


宇宙意識との出会いは、本当の人生のスタートラインに立ったにすぎない。

私は、ずっとスタートラインから動き出せていなかった。その毎日に飽き飽きしていた。

ここから出たいと感じていた。

様々な偶然が重なり、あるセミナーでメソッドの存在を知った。それは、自分の持っている波動を統合するというメソッドで、持っている波動を手放すことで、自分の次元レベルを上げていくというものだ。

具体的には、現実で感じたことを堅い球体にイメージし、体から出して転がすという方法で、それを転がした後、自分の内面に変化が起きるのだった。手放したくない波動は、イメージの中ですら堅い球体にならない。

それまで、いろんなイメージを使ったメソッドに出合ったが、どれもその場しのぎで、メソッドを使う人の内面に亀裂を入れるものではなかった。

一方、このメソッドはシンプルだが、それゆえに難しい。

何億年もの間、地球は、複雑さや難しさで私たちを魅了してきた。宇宙から来た私たちの魂は、シンプルなものしか知らなかった。しかし、あまりに長い間、地球で複雑さや難しさに慣れ親しんだため、逆にシンプルにするほうが難しくなってしまったのだ。

このメソッドを使ったとき、私はビジョンを見た。扱った波動がちゃんと転がったときには、必ずとはいえないが、ビジョンを見ることがある。

現実が、映画のフィルムのように一コマ一コマ分かれていたのが見えたとき、私はとても驚いた。なぜなら、私はずっと、「事実はそうなっているだろう」と思っていたからだ。自分の考えていたとおりの光景を見て、

「やっぱりそうだったのか！」

と、心の底から驚いた。

一見、連続しているように感じる現実は、一瞬一瞬が独立していて、一秒前の出来事は、この瞬間の今に何の影響も与えていないのだ。

ならば、どうして私たちは、昨日の出来事に思い悩んだり、何年も前の思い出に憂鬱になるのだろう。

その答えは、私たちが持っている波動にある。

私たちは、遠い昔、地球を見つけてこの惑星の魅力に引きつけられた。わくわくするシンプルな波動しか持っていなかった私たちは、地球で生きていくことを決め、そのために、地球にあった波動を次々に身に付けていった。波動を身に付ければ付けるほど深く眠るこ

とができたからだ。

この波動を身に付けることに成功した私たちは、自分が誰かもわからなくなり、どこから来てどこへ帰るのかも謎となり、為す術もなく現実に取り込まれ、流されて、絶望するという自己演出が可能になった。

広大な宇宙にある無数の星の中でも、ここまで自作自演の現実に感情移入できる星は他になかった。

私は、そろそろ本当の自分を思い出してもいいと思ったので、このメソッドに出会ったのだ。メソッドでの統合が私の現実にいったいどのような関わりを持ち、効果を表すのか、正直よくわからなかったが、それでも私は毎日のように、感情や、手放してもいいと感じる出来事を統合していった。ときどきはビジョンを見たが、とりたてて現実が変化しているようには感じなかった。

そんな中、私の現実に対する認識を変える統合が起きた。

子供が鼻風邪をひいたときのことだ。子供の寝息があまりに苦しそうで、私は心配で眠るどころではなかった。子供は、そんな様子なのに全く起きる気配はなく、ぐっすりと眠っていた。私は心配のあまり、同じ部屋にいるのも辛くなり、寝室を出た。そして、リビングでこの現実を統合することにした。

自分の感じる感覚を形にイメージし、それを体から抜くと、球体にして転がした。そこには何の力みも期待もない。初めて、結果を求めない統合をしたのかもしれない。

自分でも驚くほどリフレッシュできたので、寝室に戻ることにした。寝室に入ると、そこはとても静かだった。あんなに苦しそうだった子供の寝息は消えて、すやすやと心地よさそうな寝息に変わっていた。信じられない思いだった。波動を統合することで、自分の映す現実が変わった体験だった。

家の予備の鍵が見当たらなかった。仕舞ってある引き出しをかき回し、中身すべてをひっくり返しても見つからなかった。たしか引き出しの手前すぐの右端にあったはずだが、記憶違いかと、家中の思い当たる場所をすべて探してみた。予備の鍵はどこにもなかった。

これも波動のせいかもしれない。私は半信半疑で統合してみた。すると、私の中で何かがカチッと合わさるような感覚がした。すぐに鍵を仕舞ってあった部屋に行き、引き出しを開けてみた。そこには鍵があった。引き出しの手前の右端、私が覚えていたとおりの場所に鍵があった。

子供のころ、トウモロコシの幼虫が首の後ろにいたのに見つけることができなかったことを思い出した。そうだ、あのときも同じなのだ。あのときも、波動のせいで見えなかったのだ。

一度統合した波動は、人生で二度と現れることはない。けれど、地球に来るときに持っていたわくわくする気持ち以外はすべて波動なのだ。私の人生は波動だらけだ。メソッドでその波動を扱い、消していくのだが、これを一つずつ扱っていくのは気が遠くなりそうだった。

そう、メソッドでは、このとき私が感じた「気が遠くなりそう」な気持ちも扱うのだ。

そんな毎日を続けていくうち、しだいに、生活の中の様々な場面で効果を感じるようになっていった。

毎朝会う、不機嫌そうな人がいた。私はこの人に会うのが憂鬱だった。だが、感じる波動を統合していくうち、いつの間にか、毎朝不機嫌そうだったその人がにこやかに微笑んでいるのに気づいた。まわりを見渡すと、他のみんなの顔もやさしく微笑んでいた。私が出した波動が、現実をつくっていたのだ。

ふいに、こんなビジョンが見えた。

私は一人何もないところに立っていて、まわりはぐるっと壁だった。私はここで三六〇度すべての壁に好きな現実の映像を映していた……。

こんなにもリアルな現実が、映像だというのだろうか？

メソッドを使い出す前は、現実は固くて重くて動かないものだと感じていた。現実は思うようにならないものだと、半ば諦めた気持ちだった。ところが、気になる現実を球体にイメージし、転がすと、私の現実は、嘘のようにふわっと柔らかくその姿を変えていくのだ。

私は、もう二度と味わいたくない、変えたい現実を片っ端から転がそうとした。ところが、そう簡単にはいかない。私自身が許可しないのだ。

「これはいいけど、これはだめ。これとこれもだめ」

　自分が手放すことを同意したときに初めて変革が起きる。同意がなければ手放すことは難しかった。嬉しい現実も、嫌な現実も、すべて自分が選んで起こしている、お気に入りのものなのだとわかった。


　私は、イメージが浮かぶまま、球体を幾つも転がしていった。時には感覚を言葉に出して球体に変えた。どのくらい転がしたか、もうわからないほどだ。

　私の頭上に、魂の故郷があるのが感じられた。懐かしい場所だった。何世紀にもわたる輪廻をもってしても、肉体を持って生きた時間はほんのわずかしかなく、私たちは、ほとんどの時間をこの故郷ですごしていたのを感じる。その故郷がこんなにもすぐ傍にあった。私は、それすらも今の今まで忘れていたのだ。

　ふと、私は自分が目覚めていると感じた。これまでは自分は眠っていたと、そのときわかった。目を覚ましてみて初めて、今まで眠っていたことを理解した。

　目覚めている感覚で生きるのはとても新鮮だ。外の景色を眺めるだけで、景色が自分の中を通って私の後ろへと続いていく。外にあるすべてが自分の一部であることを体感できた。

けれども、波動を統合する気が起きないときは、視界にうっすらと靄がかかり、私の意識は眠ってしまう。さらに統合しないでいると、現実が力を持ち始め、現実がとても確かなものとなり、私はその前で為す術もなくなってしまう。自分を曲げてまで、現実にへつらい始めるようになる。

海外へ旅行に行くと、私たちは違う文化に触れることができる。日本の中だけで感じていた感覚に、旅先の文化が融合する。その場所の空気を吸い、その土地の食べものを食べ、その土地で眠る。すると、胸の辺りに、白と黒の勾玉を合わせた陰陽のマークが現れて、それが一八〇度、くるりと回転する。自分の中のバランスが変わるのだ。

それと同じことが、地球に住んでいる私たちにも起きている。

地球に生まれ、地球の空気を吸い、地球の食べものを食べているだけで、地球の影響を受け続け、どんなに覚醒した魂も眠り出すのだ。

私が産んだ子供も、新生児のときはまだ地球人らしくなく、おかしな言い方かもしれないが、私よりも「大人」だった。それが一ヶ月も経つと、未熟な地球人の赤ちゃんに変わってしまった。

一度眠ると、眠っていることすらわからなくなるのだ。私たち自身が大昔につくった、目覚めることがないようにと施された眠りのスパイラルがいまだに機能している。

「現実」の真実

新年は、私たちが新しい次元に移る日だ。

今までは、どんな新しい年になるか、明けてみないとわからなかったが、近頃は、年末を迎えるころに、新年の新しい風が吹き洩れて来る。おかげで、私たちも師走くらいから、新しい風に吹かれる準備に入るようになった。地球が一度に上るステップが、年々大きくなっているように感じる。

新年になって、私は統合をした。いつものやり方だったのだが、このときは、あり得ないほど遠くに私の意識は現実から離れていった。それまであった家の中の風景が消え、私は白い靄の中にいた。まわりを、吹けば飛ぶような柔らかいエネルギーが取り巻いていた。こうしたいと念じるだけで、靄のような白いエネルギーは、私の思った通りに動いた。

このエネルギーが、あの固く感じる現実をつくっていたのだ。この柔らかいエネルギーは、私の思うままに、自由自在に動かせた。瞬時に複雑に入り組ませることもできた。

私は、現実がどう変わったかを見ようとしたが、その場所からは何も見えない。

そこで、波動の高い、エネルギーが自在に操れる次元から、現実がどうなっているのか見える、少し波動の低い場所に移動した。行けども行けども映像らしきものは見えなかったが、それでも歩いて行くと、やっと、豆粒ほどのスクリーンが見えた。もっとよく見ようとした瞬間、元の現実の中に戻ってきた。

私は自分の家の部屋の中にいた。壁を触ってみた。固い壁には、ざらざらした感触の白い壁紙が貼ってある。木は木の感触だったし、台所の流しのステンレスはその冷たさまでリアルに感じられた。

けれども、私にはわかっていた。ここにあるすべてが、さっき見た、白い靄のエネルギーでできていることを――。つくったのは、他でもない私自身だ。自分の現実は、自分がつくっていた。

遙か昔の私たちが、どうして地球で眠ろうとあらゆる策を練ったのか、私はなんとなく理解した。なんとしても、眠りの深い地球でなくてはできないことがあったのだ。

この星でなくては、こんなリアルに「現実」を体験できなかったのだろう。この星では、あたかも目の前に相手がいて、その相手の言動に自分の感情が左右されているかのような錯覚を持ち、自分をときには被害者に、ときには加害者に仕立て上げることができた。

私たちが「現実」だと思いこんで毎日展開している人生劇場は、三六〇度ぐるりと映し出された映像にすぎない。

三次元の異星人

テレビで強盗殺人のニュースを流していた。盗むことを決めて他人の家に入り、その家の人を殺して計画通り盗む。これは完全に地球オリジナルのものだ。広い宇宙にも、これができる惑星は他にない。

一人暮らしをしていたころ、家の中に異星人が入ってきたことがあった。

その異星人はものすごい大きな目をしていたが、白目と黒目に分かれた、地球人のような目だった。体はグレイタイプで頭が大きく、体と手足は細かった。皮膚の色は茶色で、顔や体に幾つも深い皺があり、ごつごつしていた。スピルバーグの映画に出てくるETにそっくりだった。

その異星人は、私たちと同じ三次元で生きることを選んだ存在だった。同じ三次元の異星人を見たのは、そのときが初めてだった。

異星人は、部屋に入って来ようとしていた。何か邪《よこしま》な用事があったようだが、私と目が合うと、そっと部屋を出て、玄関の方ではなく、洗面所やお風呂がある方へ行った。

私は、この異星人に家の中にいてほしくなかった。ためらったが、意を決して異星人を追いかけた。だが、家のどこを探してもその姿はなかった。

この異星人に会って、わかったことがある。

私たち地球人は、上を見上げても天井や空しか見えないが、彼らの場合は、そこに高次の自分が見えるのだ。同じ三次元を選んでいても、彼らと地球人とでは雲泥の差があった。彼らはできるだけ自分に背いて生きる選択をしていて、上を見ないことに必死だった。いとも簡単に高次の自分が見えてしまうので、意識の上で、彼らは常に伏し目がちだった。

宇宙に存在する全ての魂の根幹は、光である。高次の光である自分から遠く離れたところに、私たちのいる三次元がある。ただし、三次元という次元の低さが強盗や殺人という行為を可能にしているのではなく、地球人の眠りの深さがそれを可能にしているのだ。

この異星人も、私たちと同じく意識をわざと低く保っていたが、この異星人の意識は、浅く甘い角度でしか眠りに入っていなかった。これでは、自分が光に端を発していることが常にわかっていることになる。

地球人の眠りの角度は、信じられないほど鋭く、深い。自分を光だなどとは容易に感じられないほどだ。

完全に自分を忘れるということが、宇宙でどれほど貴重で稀有なことか。目覚められないほど深く眠れること自体が、まさに奇跡だ。私たちが、簡単に目覚められないほど深く眠ることにこだわった理由を、そこに感じた。

この異星人に関する情報は、だいぶ後になってから、ある日突然気がついた。メッセージが来たり、ビジョンを見たわけではないのだが、いつの間にか知識として知っていた。この情報は、私が地球の特異さを客観的に理解するのに大いに役立った。

波動の博物館

ビジョンを見た。地球で波動を使っている人がいない未来だ。そこにはエンターテインメント施設があって、施設の一角に波動の博物館ができていた。昔の地球で使われた波動が展示してあった。

ガラスのケースに波動が入れられ、一堂に会していた。展示されているものは地球にしかないものばかりだ。

「わかる・わからない」「自信がある・自信がない」「ばか」「利口」「プレッシャー」「上手くいく・上手くいかない」「成功・失敗」「諦める」「比べる」「卑下」「まわりに合わせる」「目立つ」「隠れる」「力がある・力がない」「優越感」「劣等感」「得する」「損する」「権力」「翻弄」「金持ち」「貧乏」「恐怖」「へつらう」「傲慢」「得意」「苦手」「逃す」「平穏」「寂しさ」「孤独」「気を遣う」「落ち込む」「喜」「怒」「哀」「楽」……。

地球人がその博物館を訪れることはあまりない。一日に一人くらい、昔を思い出したい人が来るだけだった。私たち地球人は、もう波動に興味がないのだ。

その博物館には、波動を体験できるブースがあり、地球の波動を体験したい異星人が列をなしている。波動の博物館は地球で最も有名な場所になっていた。

極上の味

私たちは、体験を味や触感にたとえる。「苦い体験」「恐怖を噛みしめる」「人の不幸は密の味」「砂を噛むような毎日」というように。

人生の様々な場面を味で表現する本当の理由を、自ら体感する出来事があった。

私の毎日は地球の波動にまみれていて、自分の中から出てくる波動を球体にして幾つも転がし続けていたが、キリがなかった。波動を感じても、手放す意思を持たないと球体にならないし、球体にしても転がらない。そのうち、波動を感じても転がすことがなくなり、意識がぼんやりと眠りだした。私は、別にそれでも構わないと感じていた。波動を感じてその波動を転がし、覚醒へ向かうのではなく、波動を感じたら、それに意識を合わせ、さらにもっとその感覚を味わってみた。

私は現実の方へ歩いて、身も心も現実にどっぷり浸かることを選んだ。私はそうした毎日に満足だった。

そんなとき、ある人と、見解の違いからトラブルになった。その人は、私を根底から非難した。このトラブルは、自分が波動を使って起こしたものだと感じていた。三六〇度壁しかないところで、トラブルになっている現実を私自身が映し出していた。

現実にあまりに夢中になっていると、自分が現実を映している事実を忘れてしまう。

このときもそうだった。相手の言葉に傷つき、自分をだめな人間だと思い、生きる価値がないと感じ、突発的に死にたいと思った。

その瞬間から、あらゆる日常がストップした。私は食べることも眠ることもできなくなり、常に自分や相手を責めた。なぜこうなったのかを探ろうとしたが、原因がわからず混乱した。そのうえ、私自身が、このトラブルを解決したいと思っていなかった。

苦しく辛い日々がすぎた。このままでは辛すぎる。

私は、ようやく波動を統合しようと思った。全部ではなく、ほんの少しだけ、私は感じている辛さを球体に変えて転がした。自分と現実のあいだに距離ができたのを感じた。そのとたんに、私の口の中いっぱいに、濃厚で油っぽい、極上の中華料理の味が広がった。

「なんて美味しいんだろう」

あまりの美味しさにうっとりと目を閉じた。とても満たされていた。

これが辛い現実の正体なのか。この極上の味を堪能するために、私たちは様々な現実のドラマを創造してきたのだろうか。

ただ単に口の中に味がするだけではなかった。信じられないことに、私はフルコースを食べた後のように満腹だった。

ハッと気づくと、私は美味しい中華の味をしゃぶっている。また少しして、気づくと、再び味をしゃぶっていた。本当に、美味しすぎる。

この極上の味は、私たちが現実に夢中になるもう一つの側面だった。

子供のとき、ホマティア星の宇宙船に乗った。そのとき、私は空腹を訴えたが、宇宙船の中には地球人の私が食べて消化できるものがなかった。そして、もはや船は地球を遠く離れていた。食べもののことが、宇宙船に乗って、唯一自由にならなかったことだった。

宇宙船の人たちは、時間をかけて地球人の私の適応性を調べ、私が食べても大丈夫そうなものを見つけてくれた。食べものが入っている倉庫室の前から動かない私に、

〝これなら食べても大丈夫だよ〟

と、優しく手渡されたものは、薄くて透明な黄色い板状の、とても食べものには見えないものだった。私に食べものを渡してくれたその人は、板状のものを小さく割って、そっと私の口の中に入れてくれた。

ホマティア星の食べものは、何の味もせず、唾液で柔らかくなることもなく、いつまでも固い欠片《かけら》のまま口に残っていた。私がいつまでももごもごして食べられずにいるのを、通りかかった人が見つけた。

〝口を開けてみて〟

私が口を開けると、その人は私の口の中から食べものを取り出した。それが全く変化せ

ずに私の口の中にあったことを見て取ると、その人は言った。

〝これじゃ、食べられないな。もう、これを口の中に戻さなくていいかな?〟

もちろん承諾した。

宇宙船の中はとても広いのに、船内のどこを探しても食堂はなく、テーブルもなかった。彼らは地球人とは違っていて、彼らの食事は、食事というよりエネルギー摂取なのだ。食べものを気化させ、それを口から取り込んでいた。

おそらく、この広い宇宙の中でも、地球ほど食べものを美味しいと感じ、食べること自体を楽しむ惑星はないのだろう。地球では、単なるエネルギー摂取の枠を越えて、喜怒哀楽や、美味しい、まずいといった波動を感じる媒体になっている。地球では、食べることは波動を感じることだ。

私は、現実に美味を堪能し、かつ、エネルギー摂取でも美味しさを感じている。さらに、熱い、冷たい、硬さや食感までもリアルに体感している。

ものすごい惑星に私たちはいるのだ。

『美味しい惑星』

この言葉がふさわしい。私たちは、常に食を楽しんでいる。

波動と記憶

私が言った言葉が、相手を傷つけたのではないかと気にしたことがあった。家事をしていても、テレビを見ていても、一人になると、そのことが思い出される。そのたびに、なんとも言えない感情を噛みしめるのだった。

そんなとき、自分の右手が何かを持っていることに気づいた。球体だった。実体があるわけではないが、間違いなく私は球体を握っていた。それを、手の中でころころ回しては、「はぁ〜」と溜息をついていたのだ。

気になることがあるから今日あった出来事に意識が向くのではなくて、現実を映した波動を触っているから、今日の出来事を思い出すのだった。波動で、感じたい現実をつくっているのだ。

波動があって初めて、現実がリアルに感じられる。どの場面でどの波動を使うかは、潜在意識が決めている。

私は、右手で触っていた球体の波動を手放した。そのとたん、あんなに私を悩ませていた感覚は一瞬で消えた。いままで持っていた感情がどんな感じだったかを思い出そうとしたが、どうしてもできなかった。


波動が記憶を持っている。

私たちが昔のことを思い出すときは、無意識に波動に触れている。記憶は波動の出す振動によって現れる。

ふと、道に迷ったときのことを思い出したとしたら、それは、道に迷う波動に自分が触れたのだ。十年前のことを思い出すとき、私たちは十年前のそのとき使った波動に触る。波動に触れて初めて記憶を思い出せる。

波動を統合すると、それに関する現実の出来事を引き起こさなくなり、同時に記憶も消える。統合したはずの記憶を思い出せるときは、まだ波動が残っていることになる。

私たちには過去も未来もない。時間すらない。今この瞬間しかないのだ。あるように感じているのは、その波動に触れ続けているからだ。

映像

旅先で電車に乗るために駅へ行った。この駅は観光地の大きな駅で、改札前には人がたくさん往来している。駅は大がかりなホームの改装工事をしていた。私はトイレに行きたくなった。改札の前に仮設トイレがあった。男子トイレは、改札を入ってかなり行ったところにしかない。

私がトイレに入ると、すでに二、三人の人がいたが、出るときにはトイレには誰もいなくなっていた。トイレから出て歩き出すと、後ろから話し声が聞こえてきた。振り返ると、六十代くらいの夫婦が話している。

「我慢できない。今すぐでないと間に合わん」

「困ったわね。ここにあるのは女の人のトイレだし、もう少し我慢できないの？」

「我慢できん」

どうやら、男性はトイレに行きたいらしいが、男子トイレまで間に合わないらしい。私はたった今女子トイレから出てきたばかりで、中に誰もいないのを知っていた。私は振り向き、後ろにいたご夫婦に話しかけた。

「あの、私、今、トイレから出てきたところです。今なら誰もいませんよ」

ご夫婦の反応を待ったが、二人とも何も言わない。

雑踏の騒音で、ご夫婦には私の声が聞こえなかったのだろうか。私はもう一度同じことを言おうと、今度は思いっきり後ろを振り返った。私はご夫婦を正面から捉えて、口を開きかけ、言葉を失った。

みんな映像だった。

私のまわりのすべてが、スクリーンに映る絵だった。駅の風景も、通りすぎる人たちも、そして、私の後ろにいたご夫婦も、平面に映った奥行きのない、ただの映像だった。

駅の騒音も何も聞こえない。静寂そのものだった。

聞こえていると思っていた音もセリフも、私が聞きたい音を聞き、聞きたいセリフを自分の中で響かせていただけだった。

現実なんていうものはなかった。

地球で、誰かが音を立てたこともない。

おわりに

本書を最後までお読みくださり、ありがとうございます。

私が出会った様々な存在たちや世界は、今まで私たちが必死に築いてきた社会とはかなり様相が違い、なんとも力が抜けていて、軽やかでした。

私たちは、間違いなく、彼らのいる世界へ歩み寄っていると感じます。

今より高い次元に行くためには、しがみついているものから手を放す必要があります。

様々なものを手放していく過程で、私は自分の中にとてつもないダークな面があるのに気付きました。本書の中には書いてありませんが、私の中のダークは、私がホマティア星の人たちに出会ったいきさつとも関係していました。

ホマティアは、宇宙を守る役割の星です。

ホマテイア星のテイマは、とても深い決心と意志のもとで、私に接触してきました。

五歳のときのこの記憶に、私はこんな疑問を持ちました。

「私はなぜ地球に来たのだろう。この星の稀有さに惹かれたからだけではないのだろうか。地球に来る前は、どこで何をしていたのだろう」

これは、私の次のテーマになるようです。いったい何の記憶が飛び出すのか、とても楽しみです。

この本を書かなければ、思い出そうなんて考えもしなかった、私の魂の過去です。

私たちは、誰もが、自分自身を知ることで次の次元への扉が開くと、心の深いところで知っているのでしょう。

最後に、この本を出版するにあたり、様々な方の――目に見える存在や見えない存在のご協力がありましたことを、心より感謝いたします。

〈著者紹介〉

八田 佳枝　1969年生まれ。東京都出身。

幼いころより霊能力が強く、人間以外の生き物と会話をしたり、霊や異星人とコンタクトすることができた。成長して後、退行催眠をきっかけに〝宇宙意識〟と出会い、さらには天使、妖精などとも出会う。また、波動を統合するメソッドと出合い、この世の存在の真実と、はるか昔、人類の魂が地球へやってきた理由を知る。

ホマティア星の宇宙船に乗って

初　版　　第1刷発行　2010年7月23日

著　者　　八田 佳枝
発行者　　韮澤 潤一郎
発行所　　株式会社たま出版
〒160-0004 東京都新宿区四谷4-28-20
TEL.03-5369-3051（代）
http://tamabook.com
振　替　　00130-5-94804
印刷所　　株式会社エーヴィスシステムズ

ISBN978-4-8127-0309-0 C0011